2022年重庆市教育委员会人文社会科学研究"新时期地域文化传播视域下川渝地区乡村文化旅游发展新模式探索与实践"项目(项目编号:22SKGH369)资助

新时期乡村旅游规划新模式探索与实践

Exploration and Practice of New Models for Rural Tourism Planning in the New Era

黄艺 叶眉 著

武汉理工大学出版社

· 武 汉 ·

内 容 提 要

本书是一本关于乡村旅游规划模式的学术研究著作。本书主要运用理论与实践相结合的方式，对乡村旅游规划的创新模式展开研究。在理论层面，以乡村振兴战略为出发点，在介绍了乡村振兴与乡村旅游互动的基础上，分析了乡村旅游发展的动力系统、保障体系、具体模式以及文化旅游开发、品牌形象塑造、旅游产业融合、旅游规划创新模式。在实践层面，每一章都融入了川渝地区的案例，对不同类型乡村旅游规划项目的基本概况、规划理念、规划经验等进行阐述与分析，最后以图文形式对苟角镇大梨树村的实际规划进行说明。本书旨在为乡村旅游发展提供一些创新性的解决策略，力求在战略、理论与实践发展的基础上撰写一本真正有助于乡村旅游发展的工具书。

图书在版编目(CIP)数据

新时期乡村旅游规划新模式探索与实践 / 黄艺，叶眉著. — 武汉：武汉理工大学出版社，2024.5

ISBN 978-7-5629-7057-6

Ⅰ.①新… Ⅱ.①黄… ②叶… Ⅲ.①乡村旅游－旅游规划－研究－中国 Ⅳ.①F592.3

中国国家版本馆CIP数据核字（2024）第102353号

责任编辑：柳亚男
责任校对：杨　昱　　　排　版：米　乐
出版发行：武汉理工大学出版社
社　　址：武汉市洪山区珞狮路122号
邮　　编：430070
网　　址：http://www.wutp.com.cn
经　　销：各地新华书店
印　　刷：北京亚吉飞数码科技有限公司
开　　本：700×1000　1/16
印　　张：15.25
字　　数：238千字
版　　次：2025年3月第1版
印　　次：2025年3月第1次印刷
定　　价：95.00元

前　言

在我国乡村建设的进程中，乡村旅游发挥了独特而巨大的作用，逐渐成为脱贫攻坚和乡村振兴的一条高效之路。近年来，随着乡村旅游基础设施建设水平和旅游服务水平的提高，人们对于乡村旅游的意愿不断增强，我国乡村旅游业发展迅猛。可以说，乡村旅游业已成为我国旅游产业的一朵奇葩。对于乡村旅游的发展来说，科学合理地规划具有重要的意义。

乡村旅游规划是根据旅游发展规律对一个区域内未来旅游发展状态的一种设想和多种旅游要素的合理安排与部署，是乡村旅游业发展的纲领和蓝图，也是促进乡村旅游业健康发展的根本保障。它通过确定发展目标，优化旅游产品的结构，提高乡村的吸引力；同时保护生态环境，综合平衡旅游发展系统，支持系统和保障系统的关系，保证旅游地获得良好的社会效益和经济效益。然而，乡村旅游在快速发展的过程中仍然存在一系列问题，严重影响了乡村旅游的持续、健康发展。因此，乡村旅游发展理念、发展模式亟须优化调整，应从提高质量和效益的目标出发，走高质量发展道路。

本书立足乡村振兴的战略背景，从八个章节探讨乡村旅游规划的理论和实践问题。第一章介绍乡村振兴战略与乡村旅游发展的理论认知，从理论层面系统阐述了乡村振兴战略和乡村旅游高质量发展。第二章介绍乡村旅游发展的动力系统与保障体系。第三章介绍乡村旅游发展的具体模式，包括供给推动型、需求拉动型、环境推动型、混合驱动型四种发展模式，并从多个维度对四种模式进行了比较分析。第四章介绍了乡村文化旅游的开发模式，探讨了乡村文化旅游的发展以及对传统文化的挖掘。第五章介绍了乡村旅游品牌的塑造模式，探讨了乡村旅游品牌定位以及塑造的具体策略。第六章分析了乡村旅游产业融合模式，以川渝地区的具体案例探讨了乡村旅游产业融合的方法与思路。第七章为乡村旅游规划的创新模式与路径。最后一章为乡村旅游规划设计实践，以苟角镇大梨树村为例来分析乡村旅游规划。

本书围绕乡村旅游规划的方法展开研究，运用理论与实践相结合的方式，对乡村旅游规划的内容进行了较为系统、全面的探讨，对推动乡村旅游的发展有一定的积极作用。川渝地区乡村地域蕴含了丰富的历史文化、民俗文化资源，具有开发乡村旅游的强势吸引力，川渝地区乡村旅游的提档升级和健康发展对于落实乡村振兴的战略部署具有重要意义。本书针对川渝地区乡村旅游发展现状，提出了开发模式、产业融合、品牌建设、发展保障等耦合要素，将这些耦合要素与乡村旅游发展相结合，进一步阐释乡村旅游发展的耦合路径，即以开发模式应用增强乡村旅游活力、以产业融合完善乡村旅游产业链条、以智慧旅游应用助力乡村旅游升级、以品牌建设提升乡村旅游市场影响力。总之，本书结构合理，条理清晰，内容丰富新颖，一定能成为读者的良师益友。

全书由黄艺、叶眉撰写，具体分工如下：

第一章至第三章、第七章、第八章第一节、第二节、第四节由黄艺（重庆文理学院）编写；

第四章至第六章、第八章第三节由叶眉（重庆市高新技术产业开发区合璧园林景观设计工作室）编写。

为了确保本书内容的丰富性和多样性，笔者在写作过程中参考了大量理论与研究文献，在此谨向有关的专家学者表示衷心的感谢。最后，由于笔者水平有限，加之时间仓促，本书难免存在疏漏和错误，在此恳请同行专家和读者朋友批评指正！

作　者

2023年7月

目 录

第一章　乡村振兴与乡村旅游发展

　　我国是一个农业大国，"三农"问题一直是我国社会发展中的突出问题。民族要复兴，乡村必振兴。乡村振兴战略是党的十九大提出的一项重大战略，是关系全面建设社会主义现代化国家的全局性、历史性任务，是新时代"三农"工作的总抓手。在我国实施乡村建设的过程中，乡村旅游发挥了独特而巨大的作用，被证明是乡村振兴的一条高效之路。乡村振兴战略的实施和乡村旅游高质量发展有着高度的契合性。因此，本章首先分析乡村振兴战略与乡村旅游的基础知识，进而探讨乡村振兴与乡村旅游发展的互动机制，最后分析乡村旅游的高质量发展。

第一节　乡村振兴战略与乡村旅游研究

一、乡村振兴战略

（一）乡村振兴的内涵

乡村振兴已经不只是乡村甚至农民的事情，而是关乎我国社会发展、全面推进、生态可持续目标的整体需要，乡村振兴同城市发展同等重要。乡村振兴是历史发展的客观需要，是发展乡村、提高农民生活水平、和谐社会的利国利民的生态工程。

（1）乡村振兴要有翔实具体的政策规划，要科学地设计与扎实地推进实施，避免形式主义和"一刀切"，避免只顾数据报表而不顾实际效果，避免有头无尾和顾此失彼，要充分用好、用足国家的支农、惠农、惠民政策和有利资源，为乡村振兴保驾护航和指引方向。

（2）乡村振兴需要循序渐进和与时俱进，不论是部门领导还是乡村参与者，都要在尊重客观条件和需求的基础上制定目标和方向，促进该地区的可持续发展。单纯的搬迁与城镇化不能代替乡村振兴，表面的数字报表、报告也不能代替乡村振兴，乡村振兴中农村是主阵地、农民是主体，不论是换届换人或是换班子，这个发展的根基和方向不能动摇、不能放弃，必须是一代接一代地努力和持续前进。

（3）乡村振兴需要尊重劳动、尊重知识、尊重人才、尊重创造，既要用科学的方法与措施克服自然中不利的因素，也要充分利用、发挥好自然中有利于人们生产生活与建设发展的因素，既要追求品质保障，也要不破坏生态环境和生态链平衡，要在人与自然的和谐中充分利用原生态的立体生态，发展绿色产业，以品质实现应有的价值，实现生态振兴。

（4）乡村振兴不仅要山美水美、国强民富，更要充分利用好和保障好农民和农村的资源和利益，这些农民与社会各阶层、各领域都有着密切的联系和影响。做好乡村振兴不仅是发展乡村、改善农民的生产条件和生活品质，更是平衡都市生态、保障更高品质与和谐社会，为最终实现共同富裕的远大目标打下坚实的基础。

乡村振兴是需要、是期望、是参与；乡村振兴是美好、是情怀、是奉献；乡村振兴是过程、是成果、是积累；乡村振兴更是层层迭代、步步递进，需要数代人的坚持与努力，乡村振兴是关乎农村自然生态、农村人口生态、农村婚育生态、农村产业生态、农村管理生态等全方位生态融合的重要民生生态工程。

（二）新时期乡村振兴战略的具体任务

1.产业融合创新发展，促进产业振兴

由于社会分工逐渐明确、社会生产效率不断提升，产业振兴成为发展的"当务之急"。产业兴旺可以为乡村人才振兴、生态振兴、文化振兴、组织振兴提供充足的物质条件与基础，激发乡村发展的活力，提升乡村振兴的内部动力。农业作为乡村发展的主要产业，必须加快转型升级，推动农业朝向商品化、现代化发展。我国经济进入高质量发展阶段，农产品生产成本不断增加，农民一旦调高农产品价格，就会丧失核心竞争力，消费者往往选择低价商户购买。这就要求持续完善农村人才引进体制，通过技术人才整合农村信息平台；在生产中结合现代科技力量，推动人工智能等高科技技术在农业生产中的应用；推动农业转型升级，可选较发达地区定点帮扶，为农民解决实际问题。

2.贯彻落实新发展理念，促进生态振兴

乡村振兴的重大环节在于生态环境的保护利用和可持续发展，在发展中遵循绿色发展原则，改善城乡环境，促进资源循环利用，以绿色发展引领生

态振兴。同时，鼓励大力发展绿色产业，积极推进绿色产业化、产业绿色化，建立完备的绿色产业链条，降低能源消耗与污染，做到产业、生态双赢。村委会可借助互联网、报纸、广播等媒体，通过文化宣传加强乡村精神文明建设，对农民进行潜移默化的价值观塑造，使其树立生态文明观念。①

3.加强乡风文明建设，促进文化振兴

乡风文明是乡村振兴的象征。在乡村中培育和践行社会主义核心价值观，使传统文明与现代文明融合发展。为继承与发扬农村本土文化和农耕文明，应合理使用乡村现有文化资源，提升乡村社会整体文明水平。应不断补齐农村发展的文化短板，注重对各地区优秀风俗文化的传承与保护，重视对农业、林业、牧业、渔业等产业文明的保护，让农民真正有家园的归属感，增强凝聚力和向心力，实现农村公共文化建设与农民的日常生产生活相融合。

4.发挥党组织作用，促进乡村人才振兴

习近平总书记强调，实现乡村振兴战略，关键在党组织。②在"三农"问题中，党起着总揽全局、协调各方的作用。农村基层党组织的党员干部肩负着巨大使命，需要他们发挥坚韧不拔、吃苦耐劳、冲锋在前、享乐在后的战斗精神以及先锋模范带头作用，而基层党组织也更应该成为一个强大的战斗碉堡，坚决把农村工作的各项方针以及决策路线落实到位。此外，培养一支扎根农民、对农村有着深厚感情的高素质、高水平的农村党员干部队伍也格外重要，壮大农村干部团队，培养高素质农村干部，同时提高党员干部的待遇，出台政策吸引高学历、高水平人才到乡村帮扶，这些措施都有利于乡村振兴战略的实施。

---

① 胡俊生、王彦岩:《新时代乡村振兴战略的内在逻辑研究》,《农业经济》2022年第12期。
② 鲁杰、王帅:《乡村振兴战略背景下农村基层党组织的定位、困境与发展》,《西北农林科技大学学报（社会科学版）》2021年第6期。

（三）新时期乡村振兴战略的时代价值

乡村振兴战略是党的十九大提出的重要发展战略，目的是解决"三农"问题，使农民构成多元化、农业发展多样化、农村发展包容化，对实现"两个一百年"奋斗目标和中华民族伟大复兴的中国梦具有十分重大的现实意义和深远的历史意义。

1.新时期乡村振兴战略的理论创新价值

（1）创新马克思、恩格斯的城乡融合观

乡村振兴战略既是马克思、恩格斯农民、农村、农业思想在中国的体现，更是对马克思、恩格斯"三农"思想的补充与创新。中国共产党的城乡融合观建立在马克思主义城乡融合观的基础上，依据我国实际情况产生，坚持中国特色并致力于解决我国实际问题。中国共产党的城乡融合理论是新时期乡村建设理论的重要组成部分。实施乡村振兴战略所构建的新型工农城乡关系要将农业农村问题放在第一位，从"以农哺工"到"以工哺农"，城市带动乡村发展，加快农业农村的现代化。

（2）丰富中国特色社会主义理论体系

坚持以历史思维思考新时期乡村振兴。作为我国百年乡村建设的重要部分，乡村建设在每个阶段都有其特定的任务与目标。从中国共产党成立初期开始，乡村建设的重点从重视农民文化教育转向农业配套设施建设，再到农民减负问题。进入21世纪，农村生活环境也被纳入乡村建设中来。党的十九大后，公共服务的均等化、乡村文化旅游也得到了重视。

2.新时期乡村振兴战略的现实指导意义

（1）为解决我国"三农"问题指明了方向

"三农"问题是事关国计民生的根本问题。没有农业农村的现代化，就没有中国现代化。实施乡村振兴战略是解决"三农"问题的根本途径，同时也是科学发展观在农业农村领域的延伸，为乡村发展规划发展蓝图，促进乡村的高质量发展。

（2）为全球消灭贫困提供了新方案

乡村振兴战略是中国为全球消灭贫困、消除贫困人口提供的一种全新的解决思路，它彰显了中国特色。在中国，"三农"问题究其根本仍是发展不平衡、不充分的问题，而这一问题的解决事关当今我国社会主要矛盾的解决，因此乡村振兴战略是必须长期坚持的国策。同时，作为具有中国特色的"减贫方案"，乡村振兴战略向世界彰显了社会主义制度的优越性。

（四）新时期乡村振兴战略的实现路径

乡村振兴战略是新时代我党开展乡村振兴工作的重要指导方针。目前，我国乡村振兴战略在实施过程中存在一些问题，也面临着一些挑战，党中央针对这些问题，从全面深化改革促进农业农村发展、实现共同富裕、巩固拓展脱贫攻坚成果等方面，提出了诸多推进乡村振兴战略的意见与对策。

1.坚持"以人为本"，提高农民的参与度

作为乡村振兴战略实施的主要对象与最直接受益者，农民是乡村振兴战略的主体，所以推进乡村振兴战略必须树立以农民为治理主体、以内部发展为主要推动力的观念，实现多元共治。在实施乡村振兴战略的同时，要加大对乡村地区人力、物资、财政的支持，赋予农民资产权益。在坚持农民主体地位的同时，也要从构建完善、快速、准确的信息反映渠道，提高农民满意度的社会调查等方面，建立以农民为主体的乡村振兴战略实施机制。

2.深化农村重点领域改革

仅依靠种植农作物很难给农民带来更高的收入，因此政策的支持是农业快速发展的一条重要途径。深化对农村重点领域的改革，做到农业政策适时而变，因地制宜，紧跟时代发展的步伐，以此实现农村地区的可持续发展。此外，要深化农村集体产权制度改革，除了要保证农民日常的农业收入之外，还要分享增值收益、保护农民的合法权益，因此必须建立健全经济发展运行机制。此外，今后我国更应该大力发展农业科技，重视农民职业教育，提高农业机械化水平，落实退耕还林政策，坚守耕地面积红线，以此来实现

农业的发展。

3.巩固拓展脱贫攻坚成果，做到脱贫不返贫

实施乡村振兴战略与打赢脱贫攻坚战具有密不可分的关系。共同富裕是中国特色社会主义的本质要求，摆脱贫困是勤劳朴实的中国人民自古以来的美好愿望。不论是"八个一批""十大工程"，还是"六个精准"，这些纲领性文件都为我国的精准扶贫指引了方向，指明了道路。建立"授人以渔"的长效扶贫机制，真正做到脱贫不返贫，如通过电商下乡来促进乡村产业发展、加大教育资源投入、实行点对点帮扶等，既扶贫也扶智，既富口袋也富脑袋，以此增强农村竞争力。

乡村振兴战略集历史性、复杂性、时代性于一体，立足于新时代的历史起点，乡村振兴战略不断在发展中焕发新的时代风采，以城哺乡、以工哺农，日渐成为中国发展的主线任务。中国共产党必须坚持农业农村优先发展，按照乡村振兴的战略目标及基本任务，建立健全城乡融合发展机制和政策体系，推进乡村可持续发展，加快解决"三农"问题的脚步。

二、乡村旅游

（一）乡村性

乡村性是游客普遍关注的、与都市风格完全不同的旅游资源特质，是吸引游客到来的决定性因素，是乡村旅游市场的卖点。关于乡村性的讨论，主要包括三个方面：（1）聚落形态：人口密度和住区规模；（2）经济状况：土地利用状况以及农业和林业的地位；（3）社会文化：传统社会结构、社区身份和文化遗产。

乡村性突出的地区人口密度很低，居民点规模很小，而且相距很远。这些乡村地区存在着大片自然或半自然状态的荒野以及未开垦的土地，耕地和森林主宰着聚落环境，经济活动以农业和林业为主导。弗林（Flinn，1982）

指出了美国三种体现乡村性的传统社会结构：（1）小城镇社会：紧密团结，坚信民主，但往往不与自然密切接触；（2）农业社会：以家庭农业、农场生活和季节活动为基础；（3）乡村主义者：生活在城镇之外，重视开放空间，尊重自然规律。[①]

鲁滨孙（Robinson，1990）认为乡村性可以在一个滑动的尺度上进行评估，人口稀少的偏远地区是尺度的一个极端，而另一个极端为城市化地区。在这两个极端之间乡村性是渐变的，中间地带为城市最外边缘的郊区。[②]

乡村旅游发生于乡村地区，可以将其归纳为以下几点：（1）乡村空间辽阔，拥有自然资源和文化遗产的底蕴，具有传统社会特征；（2）乡村建筑和住区通常是小规模的；（3）乡村发展缓慢，且因为地理环境、历史文化和经济结构的不同而呈现出多样化的风格。乡村旅游不一定会体现出完全的乡村性特征，因为城乡一体化使有些乡村地区显示出一些城市特征，所以有些乡村旅游目的地将会向大型城市度假村转变和发展。

在辽阔的乡村地域，由于远离工业化的浸染和大量游客造访，其自然资源和文化遗产保存相对完整。乡村地区人口密度较低，表现出环境宽松、风景宜人、祥和宁静的氛围。由于长期的区位经济弱势，现代科技渗透不充分，都市化的影响较弱，乡村地域往往具有传统社会的特征。由于自然禀赋存在差异、历史发展进程不同、文化积淀形式多样化，乡村社会存在客观差异性和多样性。

"没有城市的城市文明"在美国日益发展，这源于受过教育的、独立工作的或退休的城市居民寻求乡村性而在乡村环境生活。这些新到农村的人们直言不讳地表达了对乡村性保护的意愿，特别关注以农业、林业、公园和小规模定居点为主的景观乡村性。很多农村地区妇女缺少工作机会，而旅游业历来能够为女性劳动力提供较多的就业岗位。因此，对于寻求就业的农村妇女来说，乡村旅游具有特殊的重要性。

---

① 王云才、郭焕成、徐辉林：《乡村旅游规划原理与方法》，科学出版社，2006，第1页。
② 陈慧、马丽卿：《基于游客感知的海岛乡村旅游产品开发研究——以舟山群岛为例》，《农村经济与科技》2017年第5期。

　　乡村是人类早期的聚居地，在人类发展史上具有"家"的属性。乡村自然风貌和长期的农业社会活动形成了内涵丰富的旅游资源，即乡村自然资源和乡村人文资源，其所蕴含的乡村性特质在历史的描述中和人们的脑海中形成概念意象，即乡村意象，它由乡村认知意象和乡村情感意象两部分组成。乡村意象是乡村旅游资源的文化印记和心理共识，是乡村性特质抽象化集成的印象。而乡村意象进一步促成了乡村依恋情怀，即乡村依赖和乡村认同。这种乡村依恋情怀在乡村旅游者的心理活动中形成了旅游需求，进而体现为城市人溯源农耕文化地域、亲缘、血缘关系的旅游动机。

　　通过上述分析可知，乡村性的保持和提炼对于提升乡村游客原真性体验，促进乡村旅游健康发展具有重要意义。

　　我国已经完成了脱贫攻坚目标任务，在具有良好的交通条件和旅游资源的乡村地区，村民更加关注如何通过乡村旅游防止返贫，并获得持续的旅游产业收益。都市居民在逆城市化思潮的影响下，更加关注和向往乡村地域良好的自然生态环境，并对其丰厚的历史文化和民俗风情怀有强烈的探究愿望。随着人们可自由支配收入的提高，在感知社会主义新农村崭新面貌的同时，乡村游客对乡村旅游管理水平和服务质量上提出了更高的要求。乡村旅游发展将由规模扩张进入质量提升时期，乡村旅游产品能否在质量上满足乡村游客的需要，成为乡村旅游市场竞争的关键点。

（二）乡村旅游资源

　　旅游业在许多方面都是游客逃避现实的一种手段，大多数游客来自人口稠密的大型聚居地，他们在度假时寻求环境的改变。19世纪和20世纪的快速城市化产生了不同于农村"传统"社会的新社会结构，怀旧和逃避城市压力的动机使城市居民成为乡村旅游的重要客源。乡村"性格"保留了旧的生活方式和思维方式，正是这种残留的特征，加上乡村的风景价值和娱乐机会，吸引了来自城市地区的游客。乡村地区在很大程度上是自然界和野生动物的宝库，对于游客来说，这会给人一种空旷的印象，即一种传统的非城市、非工业经济的自然环境。世界文化遗产约70%分布在乡村地域，在广袤的乡村，动植物种类繁多，自然风光、农业景观和聚落形态各具特色，农耕文化、传统文化、民俗文化和历史文化交相辉映，形成了丰富的乡村旅游资源。乡村旅游资源是发展乡村旅游业的基础，是吸引旅游者前来乡村地区旅游的重要因素，是乡村旅游供给的核心组成部分，它包括自然资源和人文资源两大类。乡村旅游凭借旅游资源和旅游设施提供旅游服务，具有乡村性的旅游资源、旅游设施和旅游服务是乡村旅游供给的三大重要组成部分。

（三）乡村旅游活动

在城市化问题日益突出的背景下，乡村旅游通常被认为能够满足日益增长的个性化旅游、原真性体验和传统文化认知的需求。教育水平不断提高、健康意识逐渐增强、交通运输的现代化以及乡村旅游设施相对完善等因素也促进了乡村旅游活动广泛开展，而乡村旅游的发展又对乡村地区社会、经济和文化的发展产生了积极影响。

乡村旅游活动形式多样，除农业旅游和农庄旅游外，还包括生态旅游、康养旅游、体育旅游、研学旅游、艺术和遗产旅游。在多民族地区，民族风情旅游成为游客关注的重点，和平、宁静和放松的乡村环境对乡村旅游具有重要的意义。莱恩（Lane，1994）将假日活动分为三种，即典型的城市活动和度假活动、混合型假日活动、典型的乡村假日活动。[1]

典型的城市活动和度假活动包括：城市观光、购物、高强度海滩度假、高强度下坡滑雪、城市遗产和文化假日活动、动物园游乐、健康度假、工业旅游、大型会展旅游、娱乐和赌博（部分西方国家）、度假胜地活动、基于人工设施的大型体育赛事旅游。

混合型假日活动包括：游泳；低等或中等强度海滩度假；中等强度下坡滑雪；需要半自然环境下人工设施的运动，如打高尔夫球；烹饪和美食旅游；公众假期活动；环境保护假日活动；教育假期活动；文化节日活动；行业假期活动；露营；观光和旅游；中小型会展活动；航行和巡航；海上

---

[1] 陈慧、马丽卿：《基于游客感知的海岛乡村旅游产品开发研究——以舟山群岛为例》，《农村经济与科技》2017年第5期。

垂钓。

典型的乡村假日活动可细分为：步行；攀登；探险；划船；漂流；越野滑雪；雪地旅游；低强度下坡滑雪；户外环境中的自然研究，包括观鸟和摄影等；狩猎；自行车旅游；骑马；景观欣赏；农村遗产研究；小城镇和村庄旅游；需要乡村环境的假日休闲；小型会议；农村节庆；垂钓；需要自然环境的体育活动等。

佩拉莱斯（Perales，2002）认为，乡村旅游活动可划分为传统乡村旅游和现代乡村旅游两大类。工业革命以后的传统乡村旅游，主要表现为有乡村居所或亲缘关系的城市居民回家度假，也包括其他城市居民的乡村休假和康养。[①]传统乡村旅游季节性强，开展的时间多集中在假日，未能给乡村地区带来市场规模效益和更多的就业机会。20世纪80年代在西方社会兴起的现代乡村旅游表现出与传统乡村旅游较大的差异，乡村游客的造访时间不仅分布在假期和夏季，而且近郊短途乡村旅游快速发展。现代乡村游客具有崭新的形象，他们追求环境质量和原真性，更深入地利用景观、环境、自然和建筑资源，这不仅给乡村地区增加了财政收入，还创造了就业机会，给当地疲软的传统经济注入了新的活力。

乡村旅游活动还可以划分为景观游和文化游两类。乡村景观游以欣赏乡村的自然风貌、聚落形态、农业景观和田园风光为旅游目的，乡村文化游则以探索乡村农耕文化、民俗文化和历史文化为旅游目的。

---

① 李丽娜:《生态观光茶园对产茶区乡村旅游发展的推动作用》,《农业考古》2013年第5期。

第二节 乡村振兴与乡村旅游发展的互动机制

一、乡村旅游高质量发展是乡村振兴的重要驱动力

（一）乡村旅游发展有利于实现乡村产业振兴

乡村旅游发展促进三大产业融合发展，拓展农产品产业链和供应链，鼓励农民参与农产品开发、生产和销售，组织农民技能培训和科技学习，激励农民修缮民居和开办民宿旅馆和土菜馆，让农民生产生活就地商品化，有效优化了乡村产业结构，延长了传统农产品产业链，增加了农产品附加值。

（二）乡村旅游发展有利于实现乡村人才振兴

近年来，随着我国城镇化建设的脚步加快，农村人口大量向城市流动、转移甚至定居，农村"空心化"现象日益严重。乡村旅游发展有力地推动了乡村人才振兴。一方面，乡村旅游发展让很多有着乡土情结且具备一定专业知识或技能的中青年人才回到自己的故土进行创业，进一步凝聚了乡村人气，汇聚了产业发展急需的人力资源，给乡村的发展带来了生机和活力，同时也有利于乡村家庭的和谐稳定及乡村儿童的健康成长，为乡村未来的人才振兴奠定了现实基础。另一方面，通过发展乡村旅游，乡村居民扩大了与外界的交流，增长了见识、开阔了眼界，同时在提升乡村旅游服务与经营管理水平的过程中迫使自己不断提高能力和素质，使乡村在很大程度上实现了人才振兴。

（三）乡村旅游发展有利于实现乡村文化振兴

我国很多世界文化遗产都根植于乡村社会，是我国宝贵的精神财富。乡

村旅游发展通过不断地挖掘，展示当地农耕、村俗、服饰、餐饮、宗祠、建筑、民乐等优秀民俗和地域文化，不仅可以让本地居民更加了解和熟悉先辈创造的悠久历史文明，增强他们的地方自豪感和民族认同感，还可以更好地传承、宣传和保护优秀历史文化。此外，乡村旅游发展有利于加强城乡文化交流，改变乡村居民落后的观念，通过城市居民参与活动，可以把先进的理念、知识、科技带到乡村，打破乡村居民保守思想的束缚，促进乡村和城市两种社会形态与文化形态的交融。因此，乡村旅游的发展将乡村纳入更加开放、创新的社会发展大潮中，从而促进乡村的文化振兴。

（四）乡村旅游发展有利于实现乡村生态振兴

乡村优美的生态环境是发展乡村旅游的核心竞争力。乡村旅游的开发直接促进了乡村生态环境的保护。发展乡村旅游必然要对乡村的基础设施和周边环境进行改造与整治，尤其是对乡村道路景观、道路照明、居民建筑院落、垃圾处理站、旅游地厕所、网络通信等进行专项治理，切实解决乡村"脏、乱、差"的环境顽疾，才能吸引城市游客，从而在客观上直接改善乡村的生态环境。同时，村民在获得乡村旅游经济效益之后，就会从主观上意识到保护自然生态环境的重要性，并将其付诸实际行动，以便持续受益。久而久之，这种客观上的被动整治和主观上的保护，会在很大程度上实现乡村的生态振兴。

（五）乡村旅游发展有利于实现乡村组织振兴

发展乡村旅游必须依靠一定的组织把人力、物力、财力集聚起来，合理调配资源，发挥协同效应，只有这样才能把乡村优质的自然、人文旅游资源转化为经济、社会、文化效益。乡村旅游发展极大地促进了乡村相关组织的振兴。第一，有利于基层党组织的振兴。基层党组织是乡村旅游发展中的组织堡垒，是乡村社会中具有较高政治觉悟、较强业务能力、较强奉献意识的"关键"，在乡村群众中有较高的影响力和号召力。因此，乡村旅游发展一方面需要基层党组织的帮扶，另一方面也极大地历练和激发了基层党组织，使基层党组织的组织活力、治理效率得到显著提升。第二，有利于各类经济组织的振兴。发展乡村旅游有利于壮大集体经济力量，助推集体经济的发展，加快土地流转，推动集约化、规模化经营；发展乡村旅游还有利于推动乡村旅游专业合作社的形成和发展，促进乡村旅游行业组织的建设、规范、壮大。[①]

二、乡村振兴战略是乡村旅游发展的总体指挥棒

乡村振兴战略是关乎乡村发展的国家战略，是现阶段我国乡村发展的总指挥棒，具有导向性、整体性、全局性等特点。乡村旅游作为乡村发展的重要组成部分，必须服务于乡村振兴的总要求，即坚持"产业兴旺、生态宜居、乡风文明、治理有效、生活富裕"。

（一）坚持产业兴旺，不断优化乡村旅游产业结构

从新农村建设的"生产发展"到乡村振兴的"产业兴旺"可以清晰地看到，如今乡村产业具有更深的内涵、更高的要求。产业兴旺是乡村振兴的核心，也是解决农民收入低下、城乡发展失衡的根本举措。因此，发展乡村旅游也要坚持走产业兴旺的道路，不断优化乡村旅游产业结构，形成富有竞争力和市场活力的乡村产业体系。

一是因地制宜地开展乡村旅游，凸显产业特色。经过多年的发展，我国乡村旅游取得了显著的成绩。但不可否认，从整体规划到资源开发，再到项目建设，创新性、特色性不够突出，导致乡村旅游产品同质化、低水平建设的问题极为突出。当前绝大多数的乡村旅游以乡村农事活动、田园采摘、农

---

① 贾未寰、符刚：《乡村旅游助推新时代乡村振兴：机理、模式及对策》，《农村经济》2020年第3期。

业观光为主，甚至有的地区还要保持乡村建筑风格的统一，"千村一面"的现象较为突出，容易使旅游者产生审美疲劳，无法满足旅游者日益增长的多样化、个性化需求，也不利于乡村旅游的可持续发展。因此，未来的乡村旅游应该因地制宜、因村施策，凸显产业特色，努力构建"一村一品"和"特色小镇"的产业发展新格局。

二是加强乡村旅游产业融合，扩大产业综合效应。旅游业是具备食、住、行、游、购、娱六要素的综合性产业，乡村旅游业也不例外。发展乡村旅游带动了当地种植业、养殖业、畜牧业、渔业、农产品加工业、工艺品制造业、物流运输业、餐饮住宿服务业、娱乐休闲业等多个相关产业的发展。乡村旅游打破了农村产业结构单一的状态，通过对农业资源、田园风光和人文景观的充分有效利用，使一、二、三产业的界限在农村不再泾渭分明。乡村旅游延伸并强化了农业的功能，让传统农业变身为综合发展的新兴产业。①因此，在乡村振兴的战略要求下，乡村旅游的高质量发展必须进一步加强三产融合（图1-1），形成"旅游+"的多业态跨界思维。此外，面对日新月异的数字经济，乡村旅游也要充分把握"互联网+"的发展趋势，积极推动智慧乡村旅游、数字化乡村旅游的发展。

三是做大、做强乡村旅游龙头企业，发挥示范带动作用。龙头企业是实现乡村产业兴旺的生力军，是带动乡村旅游发展的重要主体，其在打造全产业链、构建现代产业体系、解决农民就业、提高产业效益等方面具有重要作用。2021年10月22日，农业农村部印发《关于促进农业产业化龙头企业做大做强的意见》，对龙头企业的发展提出了一系列部署。乡村旅游要想提高产业效能，实现产业兴旺，必须实施龙头企业培育工程，引导、扶持一批有实力的乡村旅游企业，可采取兼并重组、股份合作等形式，建立大型乡村旅游企业集团，进而发挥其在乡村旅游产业链延伸及一、二、三产业融合中的带动作用和示范效应。

---

① 刘慧：《发展乡村旅游与实现乡村振兴》，《农业与技术》2021年第7期。

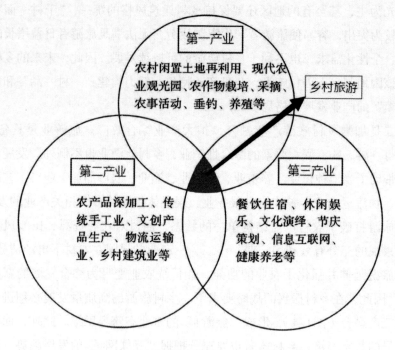

图1-1 乡村旅游促进一、二、三产业融合

（二）坚持生态宜居，持续保护乡村旅游生态环境

生态宜居是乡村振兴的关键，是生态文明建设的重点。乡村旅游的高质量发展绝不是单纯追求经济效益，而是在保护生态、尊重自然的基础上促进乡村旅游的可持续发展。乡村旅游得以发展的根本原因就在于城市居民向往乡村清新的空气、潺潺的溪水、清脆的鸟鸣，如果没有了这一切，到处都是污水横流、垃圾遍地，乡村的田园风光、诗情画意也就不复存在了，乡村旅游便如无源之水、无本之木。因此，坚持生态宜居，积极践行"绿水青山就是金山银山"，是乡村旅游发展必须遵循的法则。

乡村旅游产业的发展需要以资源开发和基础及配套设施建设为前提，从一定意义上讲，乡村旅游的开发势必会带来一定程度上的生态破坏。旅游开发商是以营利为目的的经济组织，往往会将生态环境的保护置于经济利益之后，部分居民由于缺乏长远发展眼光，也会出现急功近利的生态破坏行为。对此，政府应该发挥主导作用，在乡村旅游项目的规划、审核、开发上，提高准入门槛，严格审查开发商的资质，加强对乡村旅游开发和经营过程中的监督检查，严惩破坏生态环境的行为，要在开发中保护、保护中建设，对乡村设施进行合理的设计打造。

（三）坚持乡风文明，重点加强乡土文化保护传承

文化是旅游的灵魂所在，人们对乡村的向往不仅在于乡村优美清静的自然环境，更向往和城市不一样的乡土文化。乡村是我国农耕文化、游牧文化、海洋文化的发源地，也承载了一代代人对故土和家乡的美好寄托。习近平总书记曾说过"要让居民望得见山、看得见水、记得住乡愁"。"乡愁"二字实际上就是乡村长期传承下来的风土人情，就是乡风文明的通俗表达，是乡村区别于城市文化的高度概括。因此，在乡村旅游发展的过程中，应改变过去重物质、轻文化的发展理念，加强乡风民风建设，重视乡村文化的保护和传承，让乡村成为文明之地、文化之地。

第一，要注重乡村符号的保留。现在很多地区发展乡村旅游喜欢大修大建，在项目开发和景观设计上突出城市化、现代化、人工化、科技化，拆掉了原有破旧、古老的村居，取而代之的是现代化的建筑样式、广场、公园，导致与城市区别越来越小，离人们心目中乡村应有的样子越来越远。这就使乡村无法成为人们表达乡愁的寄托地和净化心灵的栖息地，游客在乡村旅游过程中无法感受到它的原真性、原生态的乡风民俗，不但让旅游者失去了吸引力，反而增加了开发成本，得不偿失。因此，在乡村旅游发展过程中，应尽可能保留古村落、古建筑等物化的乡村符号，遵循"修旧如旧"的原则对其进行保护性开发；深入挖掘地方民俗、民族文化、宗教等文化乡村符号，并进行创造性转化和创新性发展。

第二，要加强旅游道德的教育。在普通大众心目中，乡村就是人善景美、民风淳朴的地方，但在发展乡村旅游过程中，部分地区乡村文化有所衰落，产生了内容变异、形式低俗等问题，部分村民存在急功近利、欺客宰客、设置消费陷阱等行为，使旅游者渐渐对乡村旅游产生了一定的负面情

感。乡风文明建设最终是要靠人来建设的，广大村民不仅是乡风文明建设的受益者，也是最主要的参与者。因此，在乡风文明建设中，要特别注意加强教育、培养新型农民，这是乡风文明建设的根本，也是新时期乡风文明建设系统工程的基石。①要对广大村民进行社会公德、职业道德和家庭美德教育，综合采用理论宣讲、树立典型榜样、反面警示教育等多样化途径，改变他们某些陈旧落后的小农意识、封建观念和金钱至上的意识，引导其诚信经营、文明服务，提升他们的文化水平和综合素质，让乡风文明成为每个人的自觉行为，从而展示出新时代新型职业农民的形象。②

（四）坚持治理有效，深入推进乡村旅游治理优化

一直以来，由于乡村地区的治理水平处在一个比较滞后的状态，治理手段单一，治理方式简单粗暴，基层治理人员水平有限、思维陈旧，这些都严重影响了乡村治理的成效。有效的乡村治理可以让乡村旅游地拥有良好的发展秩序和更好的社会口碑，从而赢得更多的回头客。因此，乡村旅游发展必须坚持乡村有效治理，深入推进乡村旅游治理结构优化和治理水平提升。

第一，要构建三治融合的治理体系。随着乡村旅游的不断发展，外来人口不断增加，开放程度日益提高，乡村旅游地已经变成一个人口异质性、流动性的社会，原有的熟人社会网络体系被打破，适用于熟人社会的乡村治理方式已经无法满足日益变化的乡村社会环境。党的十九大提出乡村振兴战略，并强调要健全自治、法治、德治相结合的乡村治理体系，这正是根据我国乡村面临的新环境对乡村治理提出的重要要求，要让村民广泛参与乡村旅游发展实践，定期召开居民大会、重大决策征求意见会，提高其在乡村旅游重要项目中的发言权和决策权，增强基层活力，提高村民自治能力。在乡村旅游土地流转、项目审批、资源保护等方面健全法律服务体系，加强乡村法

---

① 杨征权：《论乡村旅游形象塑造与乡风文明建设的耦合机理》，《安徽农业科学》2021年第24期。

② 刘盛：《乡风文明与乡村振兴：重要意义、现实难点与关键举措》，《农林经济管理学报》2018年第5期。

律顾问工作，规范乡村基层执法程序，对违法违规的行为起到有效的约束作用，保证各利益主体行为的规范化，提高乡村旅游的法治水平。同时，深入挖掘我国乡村传统文化中的道德教育要素，将其与现代精神文明有效结合，不仅可以进一步提高乡村旅游德治水平，同时也为乡村旅游提供了更优质的文化资源。

第二，要实施多元主体的协同治理模式。乡村旅游的综合性使它的发展必然要求多方力量的介入，从而实现持续、健康的高质量发展态势。因此，现代化的乡村旅游治理模式需要将当地农村人口、地方政府、旅游开发商、旅游者等多利益主体纳入治理体系中。各利益主体的利益诉求各不相同、各有侧重，既有交叉融合，又有分歧矛盾。当地农村人口是乡村旅游的参与者和主要受益者，地方政府是乡村旅游的主导者和协调者，旅游开发商是乡村旅游的生产者和服务者，旅游者是乡村旅游的消费者和体验者。只有明确各利益主体的利益诉求并加以满足，才能调动各方的积极性，推动乡村旅游的有效持续发展。

（五）坚持生活富裕，最大限度提高当地居民收益

生活富裕是国家实施乡村振兴战略的落脚点，是衡量乡村振兴工程成效的最重要标准。乡村旅游催生了就业岗位、创造了就业机会，实现了农民在家门口就业创业，切实增加了农民经济收入，提升了生活水平。同时，通过发展乡村旅游产业，活跃了乡村经济，增加了当地财政收入，改善了农村公共服务水平，也在很大程度上改善当地农民生活条件和社会福利，推动了乡村脱贫致富奔小康。但与此同时，在乡村旅游开发过程中，也不同程度地存在"旅游飞地效应"。当地农村居民出让了土地、房屋、劳动力等重要旅游资源和要素，但由于其经济基础薄弱、组织力量松散等原因，往往在乡村旅游利益相关者的利益分配中处于劣势地位，难以获得与其投入相匹配的乡村旅游绩效，严重影响了村民的积极性和乡村旅游的可持续发展。因此，在乡村旅游高质量发展过程中，要牢牢把握"生活富裕"的战略目标，最大限度

地提高当地居民收益。①

第一，要强化居民利益参与机制。当地居民在乡村旅游开发中的参与程度直接决定了他们所获经济利益的大小，为此要建立一套完整的居民参与机制，不仅要提升当地居民的参与广度，还要注意参与的深度，让更多的农民从事高附加值、高回报的经济活动，切实提高受益程度。可以通过加强对当地居民的教育培训，让他们具备从事旅游经济活动的素质和能力。同时，对于具备旅游创业能力但缺乏启动资金的当地居民，政府可以联合金融机构为其提供信贷支持，帮助其完善旅游经营环境。政府可以对当地居民自主经营的农家乐、旅社、餐馆等给予一定时间内的税收减免，以此提高他们参与旅游创业和就业的积极性。

第二，要设置合理的利益分配机制。合理的利益分配机制是保障当地居民受益的关键。在乡村旅游开发中，可以采用旅游收益的一次分配和二次分配相结合的方法，实现效率和公平的兼顾。一次分配主要体现效率性，当地居民可根据自己在旅游开发中付出的人力劳动、土地资源、房产农舍、设施设备、特产制作技术等实际情况获得相应的利益。为最大程度保障当地居民利益，可以对居民的资产进行合理的估价，将其作为资本融入旅游企业中去。同时，旅游开发的持续推进势必会对乡村地区造成环境污染、物价上涨、文化冲突等负面影响，这些影响对贫困人口而言是潜在的、隐形的隐患，政府应给予当地居民一定的利益补偿。因此，为体现对处于相对弱势地位的当地居民的关爱，践行"生活富裕"的准则，乡村旅游开发的收益应进行倾斜于当地居民的二次分配。政府应从旅游企业经营收入中提取一定的资源使用费，同时划拨财政收入的一定比例，对当地居民进行利益的二次分配，确保他们真正受益。

---

① 李莉：《基于贫困人口受益的旅游开发与旅游扶贫协同机制构建》，《商业经济研究》2015年第19期。

三、乡村振兴战略与乡村旅游发展的互动机制

乡村旅游发展是乡村振兴战略的重要驱动力，乡村振兴战略是乡村旅游高质量发展的总体指挥棒，二者的互动机制如图1-2所示。

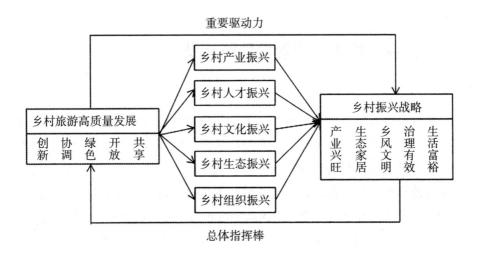

图1-2 乡村振兴战略与乡村旅游发展的互动机制

第三节　新时期乡村旅游的高质量发展

一、乡村旅游高质量发展的背景

乡村旅游是以乡村自然风光、人文环境为吸引物，满足城市居民的休闲需求。中国是一个农业大国，具有广袤的乡村地域以及丰富的乡村自然资源和农耕文化，具备发展乡村旅游得天独厚的优势。近年来，我国的乡村旅游处于快速发展阶段，乡村旅游的人数持续增加，旅游收入也随之不断增长，乡村旅游已逐步成为我国旅游行业的重要组成部分。有数据显示：2019年，我国乡村休闲旅游接待游客33亿人次，占国内游客总人数的一半以上。[①] 2020年受疫情影响，旅游业受到了重创。在疫情防控常态化背景下，回归乡土、崇尚自然、健康养生的乡村旅游成为旅游产业率先复苏的市场，多地政府明确提出要把乡村旅游打造成后疫情时代文旅复苏的排头兵。

我国的乡村旅游自20世纪80年代至今已经历了40多年的发展，在规模和效益方面取得了显著的发展成绩，在我国脱贫攻坚和乡村振兴中发挥了举足轻重的作用。但同时也要看到，在迅速发展的过程中，乡村旅游出现了管理体制滞后、产品缺乏特色、配套设施不全、人才严重匮乏、乡村环境遭到破坏、利益分配不均等一系列问题，严重妨碍了乡村旅游的持续健康发展，乡村旅游发展理念、发展模式亟须优化调整。因此，在经济高质量发展阶段，乡村旅游产业发展应该遵循国家经济转型发展的总体战略要求，走高质量发

---

① 杜江、向萍：《关于乡村旅游可持续发展的思考》，《旅游学刊》1999年第1期。

展道路，从提高质量和效益的目标出发，寻求新时期乡村旅游转型升级的道路。

二、乡村旅游高质量发展的内涵

乡村旅游高质量发展是伴随着经济高质量发展而出现的新概念，不同学者有不同的界定，目前尚无统一概念。于法稳等人（2020）认为，乡村旅游高质量发展在习近平生态文明思想的指导下，坚持绿色发展理念，全面践行"绿水青山就是金山银山"，基于乡村独特的人文、生态环境资源的利用与质量提升，以科学的乡村旅游规划为引领，以创新乡村旅游产品、增强"乡村性"作为旅游核心吸引物，以"+乡村旅游"实现产业融合发展为途径，为城乡旅游者提供充足、优质、安全、健康的绿色旅游商品，满足其日益增长的美好生活需要，实现生态与经济的和谐发展，以及生态效益、经济效益与社会效益的统一，助力乡村产业振兴和精准扶贫的一种发展模式。并且，从七个方面深入解析了乡村旅游高质量发展的内涵特征，即以绿色发展理念为指导，以资源可持续利用为前提，以产业融合为路径，以提供绿色旅游产品为内核，以农业强、农民富、农村美为目标，以生态与经济协调发展为归宿。[1]张琪（2020）认为，乡村旅游高质量发展是乡村旅游经济追求效率优先、质量第一的同时不断提高社会福利分配、生态环境质量，保持乡村地区"经济—社会—资源环境"系统实现动态平衡的可持续发展过程，可以从发展的有效性、稳定性、创新性、持续性和共享性五个方面进行高质量发展程度的衡量。[2]吴彦辉（2021）认为，乡村旅游高质量发展是全面均衡的发展，是产业不断转型升级的发展，是企业保持产品质量可靠性与持续创新的发

---

[1] 于法稳、黄鑫、岳会：《乡村旅游高质量发展：内涵特征、关键问题及对策建议》，《中国农村经济》2020年第8期。

[2] 张琪：《山西省乡村旅游高质量发展研究》，山西财经大学，2020，第21-25页。

展。[①]

　　在广泛吸收不同学者的观点的基础上，本书认为，乡村旅游高质量发展是在创新、协调、绿色、开放、共享的新发展理念指导下，以提高乡村旅游资源利用效益、提升乡村旅游产品质量为标准，注重经济效益、社会效益、生态效益相统一，最终实现农业强、农村美、农民富的一种乡村旅游高级发展的模式。

[①] 吴彦辉：《乡村旅游高质量发展：内涵、动力与路径》，《广西大学学报（哲学社会科学版）》2021年第5期。

第二章　乡村旅游发展的动力系统 与保障体系

经过多年不懈努力，我国乡村旅游发展不断迈上新台阶，并进入新的历史阶段。我国乡村旅游发展进程从加强农村基础设施建设向立足资源特色、发展特色乡村休闲旅游及乡村特色文化旅游转变。本章就具体分析乡村旅游发展的动力系统与保障体系。

第一节　乡村旅游发展的动力系统

一、强大的消费需求拉动力

近年来，我国经济快速发展，居民消费水平不断提高，城市和乡村之间的时空距离不断缩短，乡村旅游产业逐渐成为我国旅游业的重要支撑。人们闲暇时间的增多、游客旅游行为的转变、旅游人次的增多、消费收入的改变等因素成为乡村旅游消费需求的强大拉动力。

（一）旅游行为改变

1.乡土生活的回归诉求

随着城市化和工业化进程的快速发展，城市人口不断增加，居民生活水平提升，消费模式也发生转变。面对冷漠和快节奏的城市生活，人们失去了自我与土地的归属感。城市居民的行为方式发生了改变，产生了想要逃离单调、重复、紧张的城市生活的想法，由此构成了乡村旅游的动机。富有田园风光和浓厚乡情的乡村能够激起人们心底的归属感，找回迷失的自我。基于人地关系的亲土习性和身份认同心理结构的传统需求，主要会形成田园理想的精神追求、身份认同的寻找、人性根基的回归、文化与传统的皈依四种行为心理。

与此同时，我国处于人口老龄化阶段，传统形式的居家养老生活已经无法满足现代社会老年人的需求，相较于居家养老，老龄化人群更喜欢休闲舒适的乡村康养旅游生活。在我国乡村旅游的客源里，中老年游客占比较高。

这些游客大多都拥有一段乡村生活的记忆，这就成为其展开乡村旅游生活重要的需求拉动力。

由于个人、社会、家庭等各方面的原因，人们无法回到农村建造理想的田园生活，而乡村旅游为人们提供了一种可以短暂享受田园生活的方式。面对忙碌的城市生活，乡村优美的生态环境以及休闲生活可以减轻压力，使其放慢脚步，获得身心的放松与慰藉。通过农事活动体验一种与城市生活完全不同的生活方式，这种回归自然的生活迎合了城市居民对乡村旅游的需求。

2.追求健康的生活方式

近几年，受空气质量、亚健康等因素的影响，人们越来越关注健康议题，休闲养生旅游已经成为时代热点和潮流。人们对良好生态环境和健康身体的需求日益凸显，为乡村旅游发展提供了强大的动力。乡村旅游作为现代旅游产业发展的重要方向，是人们缓解城市环境和生活方式带来的压力和紧张感的首选。

乡村拥有优良的生态环境、淳朴的乡土文化、轻松的生活氛围以及返璞归真的生活方式，有效地缓解了当代人的生活压力和亚健康问题，乡村旅游也逐渐成为健康旅游方式的首要选择。随着乡村旅游经济的不断发展，大众参与式乡村旅游已经超越农家乐形式，向观光、休闲、文娱复合型转变，形成既包含自然景观又具有人文情怀的健康旅游新形式，使大众参与式乡村旅游的潜在消费者市场日益扩大。[1]乡村旅游也开始开辟以健康为主题的旅游项目，以满足人们回归自然的心理需求。乡村生态旅游与乡村康养旅游不断融合，通过美容养颜、康健体魄、修身养性、营养膳食、保护环境等各种手段，使人身心达到自然和谐的良好状态。

3.满足乡村文化的需求

乡村文化是乡村旅游的本质属性，它可以使旅游者所追求的精神陶冶和

---

[1] 李梅泉、丁蓉菁：《大健康背景下大众参与乡村旅游的影响因素、发展模式与应对机制》，《农业经济》2020年第10期。

文化体验获得有效满足。由于我国地大物博，各地民俗文化差异较大，民俗文化旅游开发资源基础丰富，独特性强，发展优势明显。即使同一种民俗，在不同地区和时代背景下都会有自身的特点。乡村文化具有质朴性和独特性，其展示的风俗习惯、服饰、居所、节日、宗教、歌舞等民俗，具有强大的吸引力，满足了游客想要体验乡土民情的需求。乡村文化旅游旨在提供健康丰富和独特的文化旅游产品，满足人们的精神需求。乡村文化旅游通过提供社会文化底蕴，给游客带来了大众渴望的独特的情感体验。

（二）居民收入水平提升

近几年，我国经济发展势头良好，居民可支配收入也在不断增长，消费能力有了显著提升，改善型和享受型的消费预算增加，旅游逐渐成为人们生活的一个重要组成部分，使我国旅游产业得到快速发展。由此可见，居民的收入水平刺激了旅游消费市场。虽然城市居民和农村居民在收入水平上存在较大差距，但随着收入的增长，农村居民的旅游热情也在不断升高。在休闲旅游的大背景下，乡村旅游得到广泛关注。随着乡村旅游的不断发展，乡村旅游产品的内容和形式也在不断丰富。文化、健康、体育、生态等产业相互融合的乡村旅游模式扩展了乡村旅游的受众群体，拓宽了乡村旅游的市场，吸引了越来越多的游客前来体验。

二、迫切的转型升级驱动力

随着社会经济的高速发展及居民消费水平的提高，游客对于乡村旅游的需求也在不断改变，对乡村旅游产品提出了新的要求。目前，我国乡村旅游存在低水平发展以及产业融合度不够等问题。乡村旅游产品同质化严重、服务体系不完善、乡村资源被过度开发等问题迫使乡村旅游必须走高质量可持续发展的道路。在产业融合的大背景下，我国乡村旅游在科技创新、人才培养、品牌营销等方面都有较大的提升空间。

（一）低水平发展驱动乡村旅游转型升级

1.产品同质化严重

目前，乡村旅游主要形式还是农家乐，缺乏对文化内涵的深入挖掘，产品同质化严重。大部分地区的乡村旅游项目还是以农产品采摘、体验农事活动、农家美食品尝、休闲钓鱼等项目为主，这就很难满足游客特色化和多样化的旅游消费需求。具体来说，中部和西部地区的乡村旅游主要经营农家乐、温泉度假、休闲采摘，东部沿海地区主要运作海滨浴场、海鲜美食等。在乡村旅游开发过程中，由于当地缺乏正确引导与合理规划，造成产业布局较为分散，各地开发者盲目照搬和模仿，缺乏对本地资源的深入探析和当地民俗文化的深入挖掘与融合，而且未设计出适合当地特色的主题来支撑产品，导致不仅没有为乡村旅游的发展提供优势，反而降低了乡村旅游的体验品质。因此，在文旅融合的时代背景下，在开发乡村旅游的过程中，要挖掘藏在民俗习惯和风情背后的内涵，合理利用当地的特色节日和服饰，并融合到乡村旅游产品的设计中。

2.服务体系不完善

现在乡村旅游体系还存在基础设施不完善、供给不足、信息化程度低等问题。首先，基础设施不完善。城市居民选择乡村旅游，体验田园时光，并不意味着他们愿意感受卫生环境差、服务设施不完善等问题。乡村旅游多数景点都处于较偏僻的地区，由于受经济条件等多方面原因的限制，乡村旅游仍然存在公路不通、质量差等问题。其次，"住、购、娱"配套设施不足。乡村旅游的经营者大多是村民，没有接受过专业和系统的培训，因此在卫生安全和服务设施配套等方面，难以满足游客的需求。此外，乡村旅游的主要特点就是体验休闲生活，许多景区缺乏休闲娱乐配套设施。最后，信息化程度低。由于乡村所处地理位置的偏僻和经济环境水平较低，存在旅游信息数据采集不足、信息调度时滞等问题，线上和线下渠道存在信息不一致以及信息更新缓慢的现象严重影响了游客的体验感。

3.乡村旅游过度开发

由于乡村旅游开发者大多以营利为目的，部分地区缺乏管理经验和专业人才，导致对自然资源无节制地开发利用，忽视了乡村旅游资源自身的孕育需求以及乡村生态系统服务价值的提升，对生态环境造成了严重破坏。一方面，国内大部分基层政府在发展乡村旅游时，都难以站在更高的战略定位上来审视乡村旅游，未能充分意识到乡村旅游产业是统筹解决"三农"问题的重要措施，而只是简单地把发展乡村旅游作为一种增加经济收入、脱贫致富的手段。因此，乡村旅游资源的难以恢复性和易破坏性要求管理者必须增强环保意识。另一方面，游客环保意识普遍缺失，随意丢弃垃圾、破坏生态资源的现象频发。景区的管理者缺乏资源保护政策和对此类行为的惩罚措施，侧面加剧了生态环境的破坏。在乡村旅游开发中，很多地区过多地引入城市符号和元素，违背了游客体验乡村之美的需求，同时，过多地将重点放在基础设施的大建设、大项目上，也忽略了真正能够体现区域特色的文化符号。总之，乡村旅游发展的关键就是保留乡村优美的生态环境和当地居民的风俗习惯，但乡村旅游过度城市化的开发，使乡村失去了本来的味道。

（二）产业融合驱动乡村旅游转型升级

基于产业融合的大背景，乡村旅游与农业、体育、文化等产业的融合已经成为推动我国经济发展的重要途径。《国家乡村振兴战略规划（2018—2022年）》中明确指出"培育农村产业新业态，打造农村产业融合发展的新模式，推动要素跨界配置和产业有机融合"，乡村旅游便是主要的发展方向之一。在乡村振兴的大背景下，通过鼓励科技创新、建设产业联盟、培养综合型人才、加强品牌营销等举措，优化乡村旅游与相关产业的融合机制。

1.建设产业联盟

从产业融合的角度整体来看，我国乡村旅游发展缺乏宏观指导和整体运营。因此，需要多维度合作推动产业融合。首先，发挥政府的统领作用。立足于各地的乡村旅游资源和文化民俗资源，联合高校机构、农业部门、文化产业部门等，结成战略联盟，并由综合实力较强的旅游企业牵头规划，实现资源和信息共享。应强化政策支持，以政府为主体设置优惠补贴、技术支持等政策，推动融合项目的宣传推广，以鼓励产业融合发展。其次，建立多元化的混合式联盟。①将不同业务性质和经营类型的主体结成联盟，结合实际选择经营和联盟方式，通过相互合作、信息共享，提高经营收入，提升融合效果，实现其可持续发展。提高产业链是乡村旅游转型升级的重点环节，从低端向高端攀升，提高产品附加值，通过特色产品深加工，提高乡村旅游产品的附加值和竞争力。

2.鼓励科技创新

利用先进的科技手段，实现产业融合成果的转化。在乡村旅游产业融合时，可融入VR、AR、MR等科学技术手段，打造高附加值、精品化、科技化的旅游项目和产品体验。积极运用人工智能、5G、大数据等先进技术来提升乡村旅游产业与生态农业、文化产业、体育产业等深度融合。积极面向这些产业构建信息共享平台，结合消费者多元化、个性化需求，借助数据联通、系统分析、信息共享和深度挖掘等，开发线上直播、云观光等线上旅游项目，以提升游客的满意度。保持产品开发中的当地特色和文化，利用文化特色吸引游客，通过设计特色化、差异化的产品，使游客获得震撼的视觉享受和愉悦的精神体验，让游客体验到多元的产品内容。乡村旅游不仅为游客提供休闲度假的场所，同时还应与生态康养、娱乐演出等诸多行业相结合，以获得更多的经济效益。

3.加强品牌营销

市场是乡村旅游产业发展的生命线，乡村旅游产业转型策略必须符合市场的发展动向，根据市场特点和游客的消费需求倾向，科学合理地规划乡村旅游产品的市场定位和乡村旅游总体战略。借助线上和线下双重推广模式，对乡村旅游项目和产品进行宣传。线上可以利用微信、官网、微博、抖音等

---

① 张祝平：《乡村振兴背景下文化旅游产业与生态农业融合发展创新建议》，《行政管理改革》2021年第5期。

新媒体，线下可以利用宣传册、报纸、广播、新闻、会展等多种方式。例如，乡村旅游在与农业融合时，可通过互联网全方位地展示农产品的制作过程和制作工艺，提高其知名度。通过加大促销力度，提高市场收益和乡村旅游目的地知名度；建立旅游服务平台，通过资源整合、跨界合作等方式，推动乡村旅游产业智慧化的发展；构建一批高素质、业务能力强的专业人才，建立完善的营销体系，推动营销工作的顺利开展。此外，在实现针对乡村旅游产业与农业、文化、体育等产业宣传推广的基础上，还应该引导相关企业、大众认可并践行，提升大众对产业融合的认知。

三、持续的政策配套扶持力

政策是政府组织以权威形式规定在一定历史时期内应该达到的目标、原则、任务、方式、步骤和措施，是促进经济社会发展的重要手段。乡村旅游涉及基础设施、农民就业、产业转型升级等诸多方面，使其不仅受到自身政策的影响，也受不同时期城乡发展相关的战略、规划与政策的影响。为了促进乡村旅游的发展，政府应从国家层面、省级层面出台多项政策，引领和支持乡村旅游的发展，从而促进我国乡村旅游高质量发展。

（一）政策数量不断增加

我国于21世纪初最早出现关于乡村旅游的政策。2001年、2002年，农业农村部相继制定了《农业旅游发展指导规范》和《全国农业旅游示范点检查标准》，对引导和规范乡村旅游的发展起到了重要的推动作用。由于这一阶段乡村旅游的产业功能还未得到社会各界的普遍共识，因此更多是从执行层面制定乡村旅游发展政策，乡村旅游的作用还未得到战略性重视。2006年，乡村旅游被国务院写入"十一五"规划，明确提出把发展休闲观光农业作为挖掘农业增收潜力、增加农民收入的重要举措。之后，国家权威机构开始在相关政策中频繁提及乡村旅游，从而促进了乡村旅游的发展。总之，在这一阶段，乡村旅游政策在数量特征的演变上存在数量不断增加、省份间数量特征不同等表现。

（二）政策类型日趋完善

通过国家和地方不断出台乡村旅游政策，乡村旅游越来越受到重视，产业政策内容也在不断增加。乡村旅游政策已经初成体系，主要包括引导型政策、支持型政策、保障型政策和规制型政策。乡村旅游政策在乡村旅游高质量发展中起着扶持、引导和保障的作用。首先，政府在乡村旅游政策法规的制定中起着主导作用，其规范和指导乡村旅游的发展方向和发展重点。我国乡村旅游政策随着"三农"问题、乡村振兴、"脱贫攻坚"等国家战略的提出不断深入。相关政策为乡村旅游项目设计和培育提供了充分的政策支持，保证了乡村旅游的高质量发展。其次，乡村旅游保障乡村旅游政策承载了不同历史阶段发展的特征，阶段性的乡村旅游政策的出台促进了我国乡村旅游发展的转型升级以及产业融合度的提升。可见，政府在政策法规上的规范和指导保障了乡村旅游产业的高质量发展。

（三）政策作用日益凸显

在脱贫攻坚、乡村振兴等战略的指引下，国家相关部门从用地供给、资金投入、基础设施建设等要素供给，产业规划、生态保护、文化传承等环境制度，以及鼓励消费、市场培育、试点示范等市场需求三个方面，引导、保障和扶持乡村旅游的高质量发展，并且基本构建了乡村旅游政策体系。近十年来，乡村旅游政策供给数量增长加快，内容不断深化，政策工具不断丰富，政策框架体系趋于成熟，乡村旅游的发展成效显著。

第二节　乡村旅游发展的保障体系

　　我国乡村旅游的巨大成功证明了我国有关乡村旅游的政策法规、人力资源、财政金融及信息技术保障体系的正确性。乡村旅游政策法规保障指的是从顶层设计的角度出发引导、支持、规范乡村旅游发展的用地、资金、设施建设、产业等多方面内容。为乡村旅游发展提供宏观政策支持是乡村旅游高质量发展的基石。

　　乡村旅游人力资源保障基于乡村旅游发展现状，从乡村旅游可持续发展的角度出发，为实现经济、社会、生态三者的平衡目标而制定的乡村人力资源战略和措施，是乡村旅游人力资源保障的主要内容。自古以来，人才是富国之本、兴邦大计，是推动社会高质量发展的强大力量。在乡村旅游发展的过程中，要充分认识到人力资源保障是乡村旅游高质量发展的第一资源。乡村旅游财政金融保障是在政府宏观调控和监管的前提下，充分发挥政府财政管理和监督的作用，由政府和市场共同配置资源，为乡村旅游产业发展提供财政支持和金融帮助。乡村旅游开发和建设离不开财政金融的支持，财政金融支持是乡村旅游基础设施建设的必然手段，是乡村旅游发展的第一生产力。乡村旅游信息技术保障是指在乡村旅游发展现行的基础上，充分融合利用现代信息技术的发展以达到有效利用旅游资源、提升旅游服务效率、提升旅游体验感的目的。信息技术保障能够突破乡村旅游发展的瓶颈，解决乡村旅游经济发展的难题，是乡村旅游高质量发展的动力源泉。

一、政策法规保障

　　近年来，国务院及相关部门不断联合出台系列政策法规扶持我国乡村旅游产业发展，规范乡村旅游行业标准，营造乡村旅游法律环境，以促进乡村旅游走向高质量发展道路。在基础设施建设方面，持续加强公共基础设施建设，提高公共服务水平；在要素配置方面，不断规范人才、资金、土地等要素的投入使用；在产品开发方面，大力培育农产品，构建乡村旅游品牌体系；在产业发展方面，大力提倡休闲农业和休闲旅游，鼓励一、二、三产业融合；在营销推广方面，运用互联网手段，实施多渠道营销手段。目前，我国乡村旅游正在向产业深度融合、旅游智慧化、营销渠道多元化等方向发展。

（一）资金政策与法规

乡村旅游起步发展及提质升级需要大量资金投入，尤其是基础设施和经济发展水平较为落后的中西部地区。为支持我国乡村旅游发展，中央出台了一系列资金政策法规，保障乡村旅游资金来源，如国务院等部门联合印发《关于进一步促进旅游投资和消费的若干意见》《关于积极开发农业多种功能大力促进休闲农业发展的通知》《关于金融助推脱贫攻坚的实施意见》等，明确提出对接乡村旅游、为其提供金融服务的意见。乡村旅游发展中资金短缺问题是制约乡村旅游发展的首要问题：一是乡村旅游资金需求量大，加上乡村基础设施本就落后，其开发成本更高；二是现有扶贫资金难以满足乡村旅游发展需要。

1.财政优先保障

一方面，中央统筹设立我国乡村旅游扶贫专项资金，确保财政投入持续增长。2015年，国家将旅游项目纳入专项建设基金；2016年，将乡村旅游列为重点扶持项目。要进一步建立健全财政投入制度保障，从财政供给和财政引导角度规范财政资金用途。通过发挥全国农业信贷担保体系作用、设立国家融资担保基金、支持地方政府发行债券等举措，加大对乡村旅游业的资金扶持。另一方面，各省市部门统筹安排扶贫专项资金、整合涉农资金、信贷资金以及其他有关财政资金，应统筹利用惠农资金保持传统乡村风貌，扎实推进乡村旅游基础设施建设；大力宣传优惠政策，鼓励经营者用足信贷资金，提升乡村旅游服务质量。

2.社会积极参与

社会力量是重要生力军，社会资本规模庞大、资金雄厚等特点能够为乡村旅游发展提供充足的资金支持。因此，应鼓励引导各类社会企业、社会组织和个人等积极参与投资乡村基础设施建设，将乡村旅游基础设施建设转向市场化运作方向；创新社会资本参与方式，鼓励引导民间社会资本以PPP、公建民营等方式参与乡村旅游经营建设和管理；引导部分企业和社会组织以政府企业合作或者购买服务的方式参与建设和管理农村公益性支持项目，从而全面支持社会资本参与商业化运营的乡村旅游业。政府要给予表现突出的社会企业、组织及个人一定的荣誉和政策补助，以提高社会资本参与乡村旅游建设开发的积极性。[①]

（二）设施建设政策与法规

乡村振兴战略实施以来，乡村旅游成为新兴支柱产业，其重要性日渐凸显。但当前我国乡村旅游基础设施建设还相对滞后，这在一定程度上影响了乡村旅游的发展。为了提升乡村旅游居住环境，国务院出台了《中共中央、国务院关于坚持农业农村优先发展做好"三农"工作的若干意见》《中共中央、国务院关于抓好"三农"领域重点工作确保如期实现全面小康的意见》《中共中央、国务院关于全面推进乡村振兴加快农业农村现代化的意见》《关于促进乡村旅游可持续发展的指导意见》等相关政策，明确指示加快完善乡村旅游基础设施建设。目前，我国乡村旅游发展面临着严重的基础及环境建设滞后、卫生条件差、配套设施不完善等问题，极大地制约了我国乡村旅游发展的进程。为破除乡村旅游发展的基础设施壁垒，应着手构建乡村旅游服务基础设施体系、推动人居环境整治、完善乡村配套设施建设。

[①] 杨萍：《社会力量参与乡村旅游基础设施建设的社会责任及其实现方式研究》，《农业经济》2020年第4期。

1.构建基础设施体系

加快推进交通、接待服务、乡村信息服务设施体系建设。第一，完成农村道路通畅工程，不断提高农村"四好公路"覆盖率，增强公路网密度。第二，鼓励多种主体从事旅游经营活动，提高乡村旅游接待服务水平，应鼓励并扶持有条件的乡村居民改造自有住房作为乡村民宿；鼓励支持城镇组织和个人开发建设民宿；支持农村集体经济组织利用空闲宅基地建设乡村旅游活动场所。第三，推动信息通信基础设施建设，保证乡村居民在第一时间内获取新信息，享受数字红利。

2.推动人居环境整治

以农村垃圾污水整治、厕所革命和村容村貌提升为三大重点任务，开展农村居住环境整治。一是广泛开展村庄清洁行动，资源化、清洁化处理乡村垃圾；推进厕所革命，加大对粪便的资源化、清洁化处理，普及冲水式厕所。二是中央安排专门资金支持农村人居环境整治，如使用专门资金建设垃圾站及垃圾处理设施，美化乡村环境。三是开展美丽宜居村庄和最美庭院创建活动，对农村环境整治先进县给予奖励，极大地提高了创建美好整洁乡村的积极性，普遍提升整体乡村风貌。

3.完善乡村配套设施

加强城镇化建设，全面提升农村教育、医疗、社会保障、文化体育等公共服务水平。实施新一轮学前教育，加快建设农村普惠教学资源，提升农村办学条件和资源；推动医疗卫生共同体建设，改革农村基层医疗保险服务，做到医疗保险全覆盖，保险资金监管有力；提高乡村养老院照护能力和集中供养水平，鼓励村庄开办老年食堂，切实保障老人养老；开展党史宣传教育活动，鼓励践行社会主义核心价值观，创新农村精神文明建设；整合文化惠民资源，支持村民开展广场舞、"村晚"等惠民文化活动。

（三）产业政策与法规

从农家乐发展至今，乡村旅游作为旅游业的重要组成部分，俨然成为一项民生产业。经过多年发展，乡村旅游产业已初具规模，并逐渐呈现出特色鲜明、产业完善、业态丰富的特点。国家出台了《关于推动落实休闲农业和乡村旅游发展政策的通知》《关于促进乡村旅游可持续发展的指导意见》《中共中央、国务院关于全面推进乡村振兴加快农业农村现代化的意见》等系列政策调整乡村旅游产业结构。但是，产业结构失调缺点依然存在，主要体现在乡村旅游产业供给质量低，同乡村旅游需求普遍增长之间的矛盾不断加深，阻碍乡村旅游产业升级。因此，加快发展乡村特色产业发展，大力发展产品加工业，实施数字乡村振兴战略，构建产业融合发展体系。

1.加快发展乡村特色产业

立足农村自身资源特色，因地制宜发展农业、手工业、特色果菜茶、食用菌、薯类、中药材等特色农业，成为促进乡村旅游高质量发展的基石。首先，加强引导转变农民观念，改变农业生产自给自足的现状，明确农业发展带动效益的观念，提高农民积极性。其次，增强科技观念，引进优良品种和先进技术参与农业培育过程，引入先进人才参与开发、培育农业发展过程。可见，以思想引领、科技支撑带动乡村农林牧渔类第一产业发展，为后续产业融合提供基础支撑。

2.大力发展产品加工业

一是大力推动农林牧渔等产品初加工，应鼓励支持农村居民发展农林牧渔等产品保鲜、储藏、分级、包装等工业环节，为农产品进入后续加工流程及流入市场做好前期工序。二是大力发展农林牧渔产品精深加工等第二产业，应鼓励支持引导国家重点龙头企业深加工农产品。总之，应依托第一产业优势，拓展特色乡村加工业，建设特色鲜明、规模适中的乡村产业聚集区。

3.实施数字乡村振兴战略

2019年，中共中央办公厅、国务院办公厅联合印发《数字乡村发展战略纲要》，旨在建设数字乡村，推动第三产业发展，建立灵敏高效的现代乡村社会治理体系。从产业发展角度来说，第三产业能为旅游业提供有力支撑。[1]第一，加强乡村信息基础设施建设，应加快推进农村地区宽带网络和移动通信网覆盖，大幅度提高乡村网络设施水平和覆盖率。为推进乡村旅游发展，鼓励社会各部门开发适应"三农"特点的信息技术、产品、应用和服务。第二，发展农村数字经济，应推动信息技术在农业生产过程中的普及和全面深度融合，打造智能化、科技化农业生产实施过程；实施"互联网+"与物流深度融合，加快建设一批农产品智慧物流配送中心；线上深化电子商务进农村，推动人工智能及电子商务实体店进农村，培育农村线上促销线下销售融合发展系统。第三，统筹推动城乡信息化融合发展，应引导乡村挖掘资源特色，建设互联网特色乡村；构建互联互通、各具特色的数字城乡融合发展格局；依托国家数据共享交换平台信息，推动信息共享、资源公开，扩大信息传播范围，提高乡村旅游认知度和影响力。

4.构建产业融合发展体系

产业融合发展模式主要有一产内部间融合、"一产+二产"融合发展模式、"一产+三产"融合、"一产+二产+三产"融合。在乡村旅游发展进程中，旅游业作为第三产业，与一、二产业密不可分，应扩展产业链向前、向后纵向延伸，促进农林牧渔业、加工业和旅游业、运输、零售、餐饮等第三产业的融合发展模式，是目前使用最广泛、效益最高的产业融合模式。该模式以产品生产业为基础，与加工业及销售服务业融合，可拓宽农产品生产线，延长农业产业链，增加农民收入，提高社会经济效益。

二、人力资源保障

2006年，文化和旅游部将"中国乡村游"定为宣传主题，我国乡村旅游

---

[1] 白丽、陈曦、张孝义：《农产品加工企业引领三产融合发展的路径研究》，《社会科学战线》2020年第4期。

迈入阶段性发展阶段。近年来，在可持续发展内在要求同乡村旅游外在市场需求共同驱动下，我国乡村旅游正面临转型升级的巨大机遇和挑战，同时也对我国乡村旅游人才培养、需求和应用体系提出了更高要求。

人才是乡村旅游高质量发展的核心要素，然而我国乡村旅游发展的经营和管理水平较低，主要原因是缺乏高素质、专业化、具有创新性的高质量人才。我国乡村旅游从业者多为当地村民，其文化水平和专业水平相对偏低，掌握专业旅游知识和经营管理理论知识能力较弱，难以满足乡村旅游高质量发展的智力支持。因此，如何培育人才、引进人才并留住人才成为当前乡村旅游发展人力资源板块的重点内容。

（一）特色化人才培育机制

当前社会背景下，我国乡村条件艰苦，直接引进高素质人才难度大，对乡村旅游从业人员进行培训提升是可行性、操作性最强的方案。为不断提升乡村旅游从业人员的素质、经营能力、管理水平以及旅游服务基本技能，推动乡村旅游发展，需不断加大乡村旅游从业人员培训力度、创新培训形式、丰富培训内容。

1.加大乡村旅游培训力度

一方面，培养各领域乡村旅游人才，积极开展针对乡村旅游经营者、乡村旅游带头人、乡村旅游文化技艺传承者及乡村旅游创业者等乡村旅游工作者的培训。针对乡村旅游导游、乡土文化讲解员等专职工作人员培训，为其提供知识拓展、讲解技巧、服务态度、接待礼仪等专业培训，提高其服务水平和服务质量，促进乡村旅游发展。另一方面，培训特色化乡村旅游人才，围绕乡村旅游特色资源和主营业务规范旅游从业人员培训内容和形式，培养一批熟知乡村旅游景区、餐饮、文化等特色资源的乡村旅游人才。

2.拓展乡村旅游培训形式

创新乡村旅游人才培养方式，通过送教上门、办培训班、结对帮扶等多渠道、多层次的培训方式，不断提升旅游从业者综合素质，提高乡村旅游经营管理能力。

一是开展乡村旅游培训班，采用短期专题培训的方式，快速提高旅游从业者接待水平、服务技巧和工作技能。二是培养乡村旅游示范带头人。政府挑选部分能力强、条件好、积极性高的乡村旅游从业者，为其提供专项帮助，使其成为榜样，并通过榜样示范效应，带动其他旅游从业者的工作积极性，实现乡村旅游产业化发展。三是全民旅游教育。一方面，运用各种社交媒体开展旅游宣传教育，激发民众环境保护意识，创建并保护美丽乡村。另一方面，对村民讲解旅游专业知识和技巧，提高其文化水平和旅游服务水平，使其由旅游见证者转变为潜意识的旅游从业者。四是加强"村—校"合作，形成互利互惠的良好合作机制。乡村通过内部选拔等方式选派部分旅游从业人员前往合作高校参与学习培训，不断增强自身文化素养及理论基础和服务技能；同时，利用乡村旅游的产业资源，可为学生提供假期实习岗位和实践基地，不仅能缓解乡村旅游人才匮乏的现状，还能为乡村旅游产业的可持续发展储备人才。

3.丰富乡村旅游培训内容

旅游业隶属于第三产业——服务业，旅游从业人员应具备的专业素质有旅游职业道德、乡村历史文化知识和旅游服务技巧等。文化因素仍是主导乡村旅游是否成功的重要因素，立足乡村这一特殊的实情下，对乡村旅游从业人员文化素质培养有助于促进乡村旅游文化传播，促进乡村旅游高质量发展。

随着乡村旅游业态融合趋势的发展，要培训一批复合型的专业人才，既要有较高的文化素养，又要有充足的旅游专业知识；既要专业技能突出，又要具备一定的管理营销才能；既熟知传统旅游业运营特点，又要能洞悉现代旅游趋势和发展方向；既要熟知传统研究方法，又要掌握大数据及人工智能等新型研究手段。这些都对乡村旅游从业人才的复合性、创新性提出了更高的要求。可开展旅游实践教学活动，对旅游活动内容进行针对性的实训，以培养从业人员实践技巧和随机应变能力。同时，还可组织一些实践类竞赛活动，以提高从业人员服务水平和自主学习能力。

（二）完善人才引进机制

我国乡村旅游在发展进程中，除了要针对现有乡村旅游人才进行开发培训外，要持续保持保障人才的活力，还要不断输入新鲜血液。换言之，除了加强对现有人才的培训外，还应采取各种措施引进乡村旅游人才，并保障其权益以留住乡村旅游人才。

1.政府——企业联手引进人才

首先，政府要制定并落实人才引进政策。对实施人才引进相关单位提供政策倾斜，提高引进人才的待遇和保障。将旅游人力资源引进纳入县乡政府的政府绩效考核，对下属各部门设置年度人才引进目标。对完成目标的部门给予物质和精神奖励，反之给予处罚，以奖励和处罚分别调动各部门工作积极性和给予适当工作压力。其次，各级领导干部要重视人才引进。高层除了要对各级领导干部学习教育外，还要形成奖惩机制并体现在其发展道路上，以增强各级领导干部对人才引进的重视程度。对完成既定目标的干部优先评级和提拔，而未完成目标的干部则须考察之后才能评级和提拔。最后，坚持企业引人用人的主体地位。建立与自身需求和市场环境相匹配的人才引进计划，避免人才浪费。企业在引进人才时第一步要明确自身企业文化，迎合乡村旅游作为乡村振兴抓手的时代背景，并根据市场需求调整发展战略，确定引进人才的类型和数量。

2.引入人才市场机制

人才市场的调节机制证明人才市场对人才和用人单位双方具有强大的调控、激励和约束功能[①]，因此人才的引进除了要发挥政府的力量外，还要发挥市场的力量。第一，县乡政府要加快规范人才市场，制定关于人才市场总体规划的政策，应创建和谐的市场环境，发挥政府在市场配置人才的主体作

---

① 张丽萍、马卓：《乡村振兴背景下依托"三园"建设创建饲料企业人才引进路径方法分析》，《中国饲料》2022年第2期。

用。同时，要加快人才市场信息网络建设，因为完备的人才市场信息网络不仅有利于人才了解乡村旅游相关岗位信息和晋升机制，更有利于乡村旅游相关部门引进专业针对性强的人才。第二，建立完善规范的市场运作机制，包括市场供求机制、人才流动机制和社会保障机制。应充分利用市场供求机制和价格杠杆，以稍高于市场竞争的乡村旅游人才工资吸引不同岗位数量合适的乡村旅游人才。人才流动机制为人才价值的实现提供了可能，在一定程度上促进人才增值和企业价值的实现。市场化的社会保障机制是建立人才市场必备的社会条件，也是消除人才流动后顾之忧的社会保障体系。

三、财政金融保障

"十二五"规划后，政府将发展重点转移至乡村地区。乡村旅游的开发在依赖自然景观、地方民俗的同时，更需要加大资金投入对乡村基础设施、产业业态更新、休闲产品开发的资金投入。目前，我国的乡村旅游产业的财政政策主要由政府主导实施，且财政支持集中于大型或发展较为完善的乡村旅游建设以及高回报率的项目。[①]

（一）财政保障

1.完善乡村旅游财政政策体系
（1）根据实际规划整体安排

乡村旅游作为乡村振兴的重要抓手，能给乡村组织带来经济收入，具有脱贫攻坚的重大作用。同时，作为公共产品，乡村旅游产业需要政府政策大力支持。因此，在乡村旅游建设开发中，要发挥各级党委和当地政府的模范

---

① 魏颖：《财政金融支持下民族地区乡村旅游发展研究》，《行政事业资产与财务》2019年第2期。

带头和引领作用，统筹规划乡村旅游产业发展，根据乡村特色资源，合理布局乡村旅游发展；鼓励农业农村部、财政部等部门加强合作，打造公共财政支持区域，全面促进乡村旅游产业发展。

（2）探索乡村旅游财政管理模式

一是"乡财县代管"，指的是以乡镇为理财主体，实行"预算共编、账户统设、集中管理、票据统管"的管理方式，将所有权、使用权、管理权、核算权分离，由县级财政部门直接管理并监督乡镇财务。村内不设财政岗，由乡镇代理完成村级财务管理和核算等业务。该方式不仅可有效管好财政，还能有效控制支出、落实村民民主决策权。二是建立财政旅游基金的会商协调机制，完善资金从组织到落实等各个环节的细化措施，明确各项资金来源、用处、支出明细等便于协调和监督。三是在乡村普及会计电算化模式，培训各基层会计使其掌握复式记账法进行账务处理和核算，并使账目条款公开透明。

（3）加大专项旅游基金投入

乡村旅游项目具有投资风险大、投资回报期长的特点，目前投资乡村旅游产业的大型企业相对较少，乡村旅游经营者缺乏实力。中央财政每年设置的专项旅游基金基数很大，但将其投入每个项目就所剩无几。对于这些问题，一是加大专项旅游资金投入，使乡村旅游项目发展有更充足的资金。二是设置专项旅游基金中用于发展乡村旅游的资金比例，保障乡村旅游发展的资金来源。三是县乡政府要安排好专项旅游基金用于发展乡村旅游配套建设及公共基础设施的建设，用于提升乡村旅游环境氛围。

2.加强财政政策决策和监督

（1）加强财政决策

在旅游发展进程中，要完善乡村旅游财政政策决策机制。一是要经过征集、讨论和决策制定相关决策机制，应广泛征求人民的意见，根据人们的需求制定针对性较强的政策。二是准确把握财政政策"提升效能、精准、可持续"内涵，应统筹财政资源，推进财政绩效同财政预算有机结合，提升财政政策效能；聚焦旅游业高质量发展，为中小企业科技创新提供更大力度税收优惠政策；统筹安排财政专项收入，合理安排财政收支，合理掌握各项目资金，有效规避风险，实现旅游业可持续发展。

（2）加强财政监督

第一，加强与旅游活动有关的日常活动的监督，应紧密围绕乡村旅游相关产业资金使用情况开展日常监督检查工作，为县乡政府财政管理、旅游资金规划提供有力支撑。各监督部门下达当年检查的指标，确定拟调查对象，及时发现财政资金管理存在的相关问题并加以解决。第二，对专项环节实施监督，应对资源特色突出的项目申请专项资金进行监督，尤其是加强监督项目招投标、物资采购、项目施工、项目竣工等重点环节，确保资金政策落地。第三，对个案进行检查和监督，应对县乡旅游项目进行个案抽查和监督，严肃处罚挪用、克扣旅游资金等行为。

3.优化乡村旅游支出结构

（1）完善资金管理体系

一是加强专项资金管理，明确规定各类乡村旅游项目资金来源，规定资金适用范围，以及资金补助形式，加强专项资金使用规范。二是降低旅游支出，通过免征收旅游景区、项目标牌工本费等手段降低旅游企业运营成本；对旅游企业实行差别税收法，向乡村旅游企业收取更低税收。三是增加旅游收入，应完善财政资金对旅游的奖励措施，扩大旅游规模，调动旅游积极性，扩大地区旅游经济增长，如乡村旅游地可出台《旅行社组团来某地旅游奖励办法》等奖励措施激励旅游增长。

（2）高效使用，优化资金投放结构

一是突出顶层设计，规划资金投放体系。旅游专项资金投入各县乡后，县乡政府首先编制县乡旅游战略发展规划及总体规划，之后考察评比各项目综合实力以确定资金优先投入项目及各项目投入资金数目。应优先发展投资回报率高、进展较快、成熟度较高的项目。二是强化旅游基础支撑，确定财政拨款用于旅游基础设施建设比例，应细化财政支持方向，注重投入资金开发旅游市场。举办系列惠民、主题旅游活动，借助重要旅游活动打开旅游市场，推出乡村旅游品牌。

（二）金融保障

1.提升旅游融资服务体系

就目前乡村旅游项目而言，乡村旅游经营主体申请融资以质押为主，但乡村土地、房屋等市场价值较低，银行等金融机构出于风险考虑，一般不会为其发放信贷投入。

（1）创新支持乡村旅游的金融服务产品

一是创建多元化贷款融资产品，鼓励地方金融机构针对乡村旅游不同领域开发多元化专属信贷产品，以支持乡村旅游经营者的信贷诉求，如分别针对乡村旅游扶贫重点县乡及独自完成初级一、二、三产业的经营者提供"贷款+脱贫专项基金"和"乡村旅游信贷融资链"产品。二是打造批量式金融产品，该金融产品主要是针对同县乡的乡村旅游项目，为其经营主体建立全县授信、利率优惠、驻地服务等便利化机制，提供乡村旅游贷款融资批量化服务，保障乡村旅游项目资金投入。

（2）建设乡村旅游信贷体系

一是推进乡村旅游经营者建档立卡，各县乡政府要持续使用多种宣传手段提升经营者对信贷的知晓率，推动经营者建档并评估其信贷水平。二是大力推广"三信"（信用户、信用村、信用乡镇）创建工作，应扩大农户信用评级、授信覆盖面，提高农户经营者获得银行信贷支持的便利化水平。三是充分利用两权抵押贷款优势，为能提供农村承包土地经营权及农民住房财产权的经营者提供金融支持，应降低农户获得金融支持的难度。

（3）优化乡村旅游金融环境

一是充分发挥政府作用，应制定奖励优惠政策，协调金融机构和社会资本参与乡村旅游建设；完善监管体系，实现对企业、金融机构、从业者的年度审查以规范乡村旅游金融环境。二是搭建乡村旅游信息平台，应整合乡村旅游项目信息，便利金融机构支持乡村开发建设。三是加强乡村旅游业保险的推广和使用，应从政策上对乡村旅游风险进行规避和防范，降低投资风险。

2.鼓励多元投融资方式

乡村旅游的金融支持发展至今，主要有政府资金支持和民间金融支持两大类。其中，民间金融支持不仅能推动金融改革，提升旅游融资效率，还能弥补官方融资的不足。吸引民间金融支持乡村旅游发展对于推动乡村旅游发展具有重大意义。乡村旅游经营方式主要有自主经营模式、合作经营模式、政府和社会资本合作（PPP）的市场混合经营模式，因此在乡村旅游发展中应充分发挥各经营模式的资本优势，引导资金投入，促进乡村旅游规模化、专业化、特色化发展。

（1）引导乡村旅游自主投资

乡村旅游自主投资即引导乡村居民投入资金，综合运用宅基地、资金、劳动力、管理等资源要素，从事"农家乐""民宿""采摘园""餐饮"等旅游经营活动。此类投资模式贯穿于乡村旅游发展始终，是乡村旅游发展最原始的资本积累形式。随着乡村旅游发展规模的不断扩大，此类投资主体经营实力不断增强，发展成为具有一定规模的乡村旅游企业，引导乡村旅游企业充分利用资金、技术及管理能力投资参与其他乡村旅游活动。

（2）倡导乡村旅游合作投资

乡村旅游合作投资即鼓励乡村旅游企业同乡村旅游居民合作，运用企业的经营管理实力和资金优势参与乡村旅游建设开发。该方式的核心特征是乡村旅游居民和企业利益共享、风险共担。乡村旅游合作投资是乡村旅游投资最具活力的融资渠道和发展动力，有利于乡村旅游投资的快速扩张。

（3）引入PPP公私合营投资

PPP公私合营投资即政府部门确定公共服务需求并提供协助和监管帮助，社会资本提供人才、技术、资金等优势按照政府要求进行建设并获取收益的投资开发模式。[1]该投资方式一方面可解决政府财政负担过大、县乡资金来源不足、项目收益低等问题，另一方面还可培育特色乡村旅游产业、提高乡村旅游产品生命周期。此种投资方式可以引导乡村旅游投资向提质增效方向倾斜，为乡村旅游提高经营品质提供创新动力和技术支持。

---

[1] 胡钰、王一凡：《文化旅游产业中PPP模式研究》，《中国软科学》2018年第9期。

3.创新乡村旅游融资模式

（1）开发乡村旅游理财服务

针对开发旅游理财服务，银行和乡村旅游景区景点可以联合推出乡村旅游借记卡，向农户和旅游者全面发放，以提高其金融理财能力，并将乡村旅游经营者的融资需求打包成为理财产品供持卡人购买，以增加持卡人收益。对经营者而言，该借记卡除了具备银行卡的基本功能外，还可以为其解决经营融资问题；对旅游者和农户而言，从消费者向景区投资者的身份转变，增加了其同乡村旅游的联系和认同，有利于乡村旅游的可持续发展。

（2）创新融资平台

随着互联网技术的不断发展，互联网金融随之崛起，并得到广泛关注和应用。利用互联网技术创新融资平台极大地降低了融资成本，提高了融资效率。对于这一点，一是政府应主导建立本地企业投融资平台，并统一监管和运营，帮助双方达成合作。二是应建立提供第三方中介服务的互联网平台，由第三方中介收集投融资双方信息，帮助投融资方挑选合作伙伴。三是旅游企业自行建立企业自营平台（官网、微信公众号等），为投资者提供了解该项目的渠道，以确定是否对该项目进行投资。

第三章 乡村旅游发展的具体模式

在新时期发展背景下，乡村旅游发展不仅需要依赖最新的信息技术支持，而且还需要充分开发多种发展模式，同时结合一些传统发展模式，共同推动乡村旅游的高质量发展。本章主要研究乡村旅游发展模式中的供给推动型模式、需求拉动型模式、环境推动型模式、混合驱动型模式。

第一节　供给推动型模式

一、供给推动型模式的背景

　　20世纪60年代初，西班牙首创将乡村城堡改造为饭店，为过往行人提供食宿，之后将城堡附近的农场、庄园进行规划建设，提供骑马等娱乐项目，吸引了大批游客前来游玩。美国、法国、日本等国家纷纷效仿该模式，欧美国家的乡村旅游逐渐规模化地发展起来。

　　我国乡村旅游起步晚于欧美国家，最早兴起于20世纪80、90年代，当时多以分散式的一家一户农家乐为主要形式，为过往的行人提供乡村住宿，之后随着城市化和社会经济的发展，农户们主动抓住机遇，将农家的一砖一瓦、一景一色、一饭一茶打造成城里人休闲娱乐、回归自然的旅游目的地，农家乐模式逐渐成熟和发展起来。

　　在此后的发展中，乡村作为具有自然、社会、经济特征的地域综合体，凭借着优美的自然环境、特色的农业景观、悠久深厚的文化背景等综合性旅游资源，在"食、住、行、游、购、娱"等多方面主动探索开发特色旅游产品，打破一家一户的模式，以整个乡村作为旅游目的地，为城市居民提供休闲娱乐、饮食游玩等服务，从而吸引大批客源，带动整个乡村经济的发展。随后，这种乡村旅游目的地主动推出产品，带动乡村旅游发展的模式逐渐推广，并在多地得到运用。①

---

① 罗斌：《我国乡村旅游发展模式研究》，《中国市场》2021年第16期。

二、供给推动型模式的典型案例

皇城村隶属于山西省晋城市阳城县北留镇，地处华阳山麓、樊溪河谷，村域面积2.5平方千米，为第一批中国传统村落，有着丰富的旅游资源，尤其是文化旅游资源。皇城村乡村旅游发展模式是典型的供给推动型模式。皇城村历经明清两代，因康熙皇帝两次下榻而得名，是康熙时期文渊阁大学士兼吏部尚书陈廷敬的故里，名人故居甚多。村内的皇城相府是集城堡、官宅、商院相结合的古建筑群，观赏和研究价值巨大。皇城村的重阳习俗是国家级非物质文化遗产。此外，皇城村依山临水，山清水秀，临近九水仙湖、蟒河等多个景区，区域内生态农业景观丰富，自然环境优美。

三、供给推动型模式的模式解析

（一）模式内涵

供给推动型发展模式（图3-1），是指农村旅游目的地依托于农村区域内所具有的一切旅游资源，通过对旅游资源的分类、评价、开发、融合创新，积极打造独特的乡村旅游产品吸引游客，最终达到引导和促进乡村旅游高质量可持续发展的目标。在供给推动型发展模式中，围绕旅游资源而开展的旅游产品在乡村旅游发展中起主导作用，其成长和发展与乡村的物质资源、非物质资源有着密不可分的关联。地方政府及村集体通过统筹规划、招商引资、营销推广以及管理等方面在供给推动型模式中发挥着关键辅助作用，产业融合不断对旅游产品进行创新和完善，以延续乡村旅游的生命力，保持其高质量可持续发展。

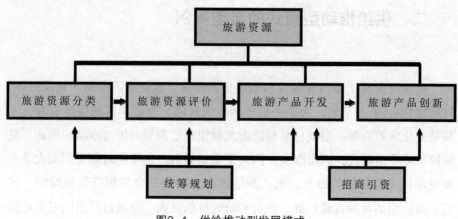

图3-1 供给推动型发展模式

（二）关键因素

在供给推动型乡村旅游高质量发展模式中，以下三个因素发挥着至关重要的作用。

1.旅游资源

旅游资源是旅游业发展的前提，具有优势的旅游资源及其利用对于供给推动型模式至关重要，是打造极具吸引力旅游目的地的关键支撑。首先，旅游资源的类别决定了乡村旅游目的地的发展方向，对乡村旅游资源进行分类可以更好地促进旅游资源的开发。不同的旅游资源类别对应着不同的旅游发展方向，地文、水域、生物等旅游资源决定该地以得天独厚的自然资源为发展依托，建筑、历史遗迹、人文活动等旅游资源决定该地依托人文资源禀赋进行发展。其次，旅游资源的价值决定了乡村旅游目的地的发展重点，旅游资源类别从宏观上确定了大致方向，旅游资源的价值则是从更为具体的微观层面指导旅游资源的开发与规划。最后，旅游资源的开发决定了目的地旅游产品的最终呈现，所开发的最终实践成果使旅游资源从幕后走到台前、从潜在变为现实，即使潜在的资源优势转化为现实的经济功能，因此其高质量的开发是乡村旅游高质量发展的前提和基石。

2.地方政府及村集体的重视

地方政府及村集体是乡村旅游供给推动型发展模式的重要推动者，其对乡村旅游的重视在统筹规划、招商引资、营销推广以及管理等多方面发挥着重要作用，从供给侧为乡村旅游高质量发展保驾护航。

一是统筹规划方面，地方政府及村集体作为乡村旅游目的地长期以来的管理者，对其空间布局、人居环境、居民关系、产业脉络等最为了解，所掌握的信息更为全面，能够对乡村旅游的发展进行科学的统筹规划，并充分利用各种资源要素使价值最大化。

二是招商引资方面，乡村旅游发展的各个环节都需要资本的支持，资本是推动乡村旅游高质量发展的重要保障，是乡村旅游产业发展的动力源泉。地方政府及村集体作为旅游目的地的代表，招商引资成为其重要工作。地方政府对乡村旅游的支持程度直接影响着投资企业的投资意愿，只有当地方政府能够配置一定规模的实质资源，或提出具有显著符号性作用的制度举措，为乡村旅游开发营造积极的氛围时，企业的投资决策才更易下达。

三是营销推广方面，营销使乡村旅游产品和服务得以推广，并吸引客源，将乡村旅游项目落地变现。地方政府及村集体作为乡村旅游目的地的权威代表，应以地方政府名义通过各种营销渠道推广乡村旅游产品，使其更具说服力。

四是管理方面，政府对乡村旅游发展绩效有着显著的正向影响作用。"无规矩不成方圆"，若缺乏有效管理，乡村旅游的规划将形同虚设，地方政府及村集体的有效管理是乡村旅游产品持续健康发展的保障，能够避免利益驱使下的冲突和不良竞争现象的发生，保证旅游质量，促进乡村旅游的高质量发展。

3.产业融合

产业融合影响着乡村旅游供给推动型模式的可持续发展。业态融合已然成为乡村旅游业态发展的一大趋势，利用制度、技术等方面的创新促使乡村旅游业态和其他一、二、三业态的交叉融合、互补，形成了"旅游+"发展格局，从而产生多元化的乡村旅游新兴业态，促使新型旅游供给产品的产生。可通过创新供给、激发需求，以提高乡村旅游产品的吸引力、竞争力和影响力。

乡村旅游作为综合性产业，能与工业、农业、文化、体育等各行各业融合共存、协同发展，"旅游+文创""旅游+电商"等新颖的概念揭示着乡村旅游产业的融合，但现实情况多是机械嫁接、浮于表面，若想保持持续吸引力、竞争力和影响力，产业融合的程度成为突破的关键点。产业融合的程度事关旅游供给产品的质量，影响着旅游体验和旅游满意度，深度的产业融合有利于保持旅游产品的持续生命力。

就文旅融合而言，我国乡村旅游在文旅融合的号召下，已经在产业业态、产业规模和产业链条等方面取得了丰硕成效，但依然存在乡村文化记忆中断、文化根脉植入不足等问题，产业融合深度仍显不足，导致游客的乡村文化核心体验和出游意愿受到影响，乡村旅游的可持续发展也随之受到威胁。

四、供给推动型模式的实施策略

供给推动型发展模式中一切围绕旅游资源展开，针对旅游资源的科学规划从而开发出高质量的旅游供给是模式实现的关键。好的产品是成功的一半，供给推动型模式的实现还需要有高质量的保障措施和拓宽的产品模式，保障措施使旅游产品能够顺利走向市场得以消费，拓宽产品模式则维持了旅游供给持久发展的吸引力（图3-2）。

（一）科学规划旅游资源开发

首先，对乡村地域类的旅游资源按照一定标准进行调查分析，并进行旅游资源分类，摸清乡村旅游地的基本情况。

其次，通过旅游资源评价确定乡村旅游供给的主攻方向。在对乡村旅游资源分类调查的基础上，因地制宜选取指标，构建评价指标体系，按照一定的方法对旅游资源在数量、等级、规模、开发前景等方面进行综合性评价，从而就旅游资源的开发价值、资源组合状况、发展重点等方面给出具体的指导建议，确定乡村旅游发展的总体构想。

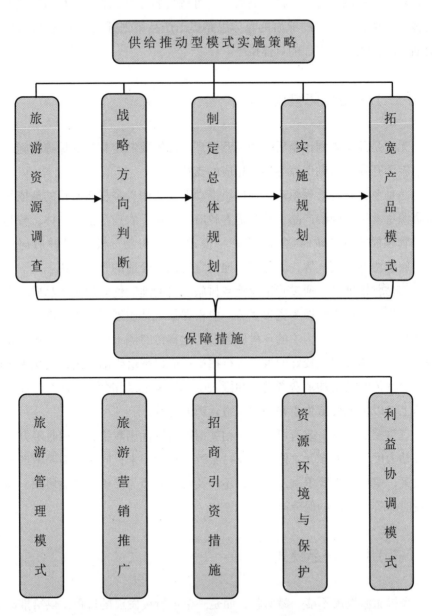

图3-2　供给推动型模式实施策略

最后，制定规划，进行旅游开发。在旅游资源分类与评价等理论指导以及规划前期准备工作的基础上，秉承主题性、参与性、多元化以及原真性等原则对旅游资源进行充分性、高效率、可持续的开发，确定乡村旅游供给品的核心，依据发展乡村旅游的总体思路提出产品策划开发、土地利用规划、交通、游览线路等方面的具体措施。

（二）制定保障措施

无论是开发规划还是后续的运营管理，都需要制定相应的保障措施，为乡村旅游开发、后勤保障等提供相应的支持。

一是乡村旅游管理模式。在供给推动型模式中，乡村旅游目的地依靠旅游资源主动推出旅游产品，涉及地方政府、企业、农户等多方主体，较为常见的管理模式有"政府+企业+农户"模式、"股份制"模式、"政府+公司+农村旅游协会"模式等，因此需因地制宜地选择合适的管理模式。

二是营销推广。通过营销保障乡村旅游目的地的优质旅游产品成功走向大众，将资源优势转换为竞争优势。应根据景观特质展开营销，以自然山水特质与农业景观特质为主的乡村旅游目的地宣传时侧重原真性，采用动态的视觉模式，选择视觉较好的景点进行拍摄；应以聚落生活和民俗文化为主的目的地宣传时需增加消费者卷入和摄入度，侧重记录和介绍。同时，在营销渠道上，以传统渠道为主并增加网络营销的力度。

三是招商引资。政府可以发布相关招商引资优惠政策，在税收等方面加大补贴力度，吸引多元主体参与乡村旅游的建设中来，同时还需明晰产业投资政策，避免不必要争端。此外，还涉及资源环境与保护、利益协调、项目建设时序等多方面的保障措施。

（三）拓宽产品模式

乡村旅游发展不能一蹴而就，而是一个可持续发展的过程，供给推动型模式的高质量发展仅仅依靠单一的资源产品模式是难以实现的，需要通过产业融合拓宽产品模式进行产品创新。基础层面即资源、文化和功能方面的融合，将农村的各种产业资源、要素、基础设施等融入乡村旅游发展，拓宽乡村旅游吸引物的范畴，创新乡村旅游产品的休闲、康体、养生、体验等功能，主动推出休闲农事体验、康养养老、文创制作等旅游产品。

提升层级产品与品牌融合，与乡村地域内有着较强产业品牌效应的产业联合，塑造统一的乡村旅游品牌，如皇城村与周围的村庄联合，五村一体共同塑造皇城相府这一旅游品牌。支撑层面即技术方面的融合，将物联网、云计算、现代农业等优势技术，广泛应用于农村产业，提升旅游价值，主动推出智慧农业、智慧乡村康养等旅游产品。

第二节　需求拉动型模式

一、需求拉动型模式的背景

随着城市化进程的推进，城市覆盖范围越来越广，越来越多的人涌入城市寻求发展，城市的居住环境恶化，狭窄的居住环境、拥挤的街道、雾霾、节假日人流高峰、工业化食品等都与人们对美好生活追求的愿望背道而驰，寻求一方净土成为人们的迫切需求。而人们的消费水平不断提高，旅游观念也在不断转变，旅游需求更是呈现多元化、个性化的发展趋势。当一次次宝贵的节假日出游活动变成摩肩接踵的看人海模式，传统的热门旅游地不再是游客的首选。人们看惯了城市高楼大厦、钢筋水泥、瓷砖玻璃等千篇一律的城市景观，开始寻找充满特色的小众景点。而乡村的优质环境以及田间小路、小筑庭院、成片的田野等特色景观恰好满足了城市人们寻求净土和"求新求异"的需求，成为旅游的首选。此外，抛开以上现实层面的需求，从精神层面而言，当下人们生活在高压、快节奏、高竞争的环境之下，"内卷"等新词便反映了这一社会现象，而乡村远离喧嚣，犹如陶渊明笔下的桃花源，使乡村生活成为人们的理想生活，乡村成为人们释放压力、寻找初心、短暂逃离现实的选择。

二、需求拉动型模式的典型案例

北京作为中国首都，城市周边就产生了许多由游客需求引导的乡村旅游目的地，以北京市昌平区十三陵镇的康陵村为例。康陵村地处北京市昌平区十三陵镇西北部，耕地面积324亩，山场面积1525亩，植被茂密。村民以林果业为主，主要生产柿子、梨、苹果、桃、杏、枣等干鲜果品。康陵村四季分明，自然环境优美，春天桃花杏花争相开放，夏秋两季百果飘香，冬季雪花青松映衬红墙黄瓦，村貌奇特，民风淳朴，历史悠久，享有全国生态文化村、中国美丽休闲乡村等称号。[①]

康陵村靠近十三陵旅游区，距昌平20公里，东临108国道，距离北京市区仅45公里，位于京郊一小时旅游圈范围内，交通便利，耗时短，成为北京市民周末休闲度假的良好选择。康陵村的游客近70%为北京本地人，另外30%为游览十三陵的过境游客，可见，北京市区居民为其主要客源市场。康陵村在发展林果业的同时也不断发展民俗旅游业，目前，康陵村以民俗旅游和林果业为主导产业，将传统种植农业变为体验休闲产业，能提供各种应时的野菜以及农家饭菜，开展包含酸梨、柿子、李子等各类优良水果在内的优质观光农业采摘活动，已形成了种植业、养殖、绿色消费、休闲观光旅游和新型生态村于一体的农业综合产业园区，可以满足广大城市居民体验农村生活的多元文化旅游需求，春饼宴更是成了康陵村民俗旅游的金字招牌。

此外，康陵村的整体环境提升改造工程已全部竣工，路面得到升级，旅游厕所、停车场等基础设施不断完善，是北京市首个高德地图"乡村旅游标注村"，旅游接待能力也大幅提升。经过多年的发展，康陵村旅游收入不断

---

① 吴颖林：《乡村旅游发展模式比较研究》，《合作经济与科技》2019年第18期。

增加，从原来的三万元到突破一千万元，实现京郊低收入村、低收入户致富增收，村民的生活水平显著提高，生活幸福指数显著提升，村民从旅游经营中获得了丰厚的回报。

三、需求拉动型模式的模式解析

（一）模式内涵

需求拉动型模式是指以人们的旅游需求为主并在政府适当的管控下开发乡村旅游产品，推动乡村旅游的发展，使乡村通过旅游获益（图3-3）。其中，人们的旅游需求是多种多样的，受休闲观光、求新求异、返璞归真等多种旅游动机的影响。在需求拉动型模式中，乡村旅游目的地背靠庞大的客源市场，客源市场的乡村旅游需求对乡村旅游的发展起主导作用，引领着乡村旅游产品开发方向，随着旅游需求层次的不断递进，旅游产品不断升级，乡村旅游发展的质量水平也不断提升，政府管控作为保障因素存在。

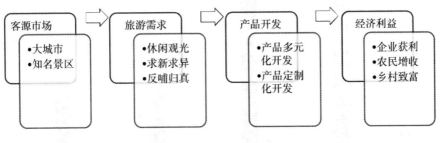

图3-3　需求拉动模式

（二）关键因素

需求拉动型模式作为乡村旅游高质量发展模式之一，以下四个因素至关重要。

1.客源市场

充足的客源市场能够提供强大的需求拉动力。客源主要依托大城市居民和知名景区两方面，并以便利的交通条件作为保障。

一是依托大城市居民保障客源。数量上，第七次全国人口普查显示，城镇人口占总人口的比例为63.89%，一、二线城市更是乡村旅游客源的重要组成部分（图3-4），占比高达73.7%。需求上，城市人口受生活压力、环境污染等多重因素的影响，更具备乡村旅游的动机。自2020年开始，新冠疫情蔓延，在跨省熔断机制下，微旅游日渐火爆，成为城市人的热门选择，从而推动了城市周边乡村旅游的发展。北京蟹岛便是依托北京这一国际都市的客源发展乡村旅游。

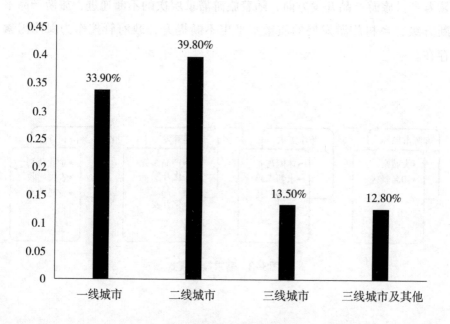

图3-4　乡村旅游客源城市分布占比

二是依托知名景区保障客源。知名成熟的景区具有强大且经久不衰的核心吸引力，具备广阔的市场，人流充足，周边乡村地区往往借助这一优势发展乡村旅游。鄱阳县礼恭脑村便是依托鄱阳湖湿地公园发展乡村旅游的成功案例。

此外，依托大城市或者景区发展乡村旅游还需以交通建设情况作为保障，交通影响着乡村旅游目的地的可进入性，旅游目的地与城市或景区之间的交通通达度高的地方往往能获得更多的客源。

2.旅游需求

旅游需求作为乡村旅游目的地的主导，影响着旅游目的地的产品打造，乡村旅游消费需求主要分为物质性需求、体验性需求和精神性需求三类。物质性需求往往通过乡村自然资源和农业生产得到满足；体验性需求下则催生了农事体验、民俗手工艺品制作等产品，强调游客的参与感；精神性需求侧重自我满足和实现，侧重文化旅游、乡音情结、研学等。

此外，旅游需求的改变和升级促使旅游目的地在产品和服务上不断改变和创新，现阶段物质性需求类的产品已不再是游客的首选，游客更倾向于体验类产品，满足精神需求类的产品作为自我实现层面的存在也越来越受到消费者青睐。人们的旅游需求表现得越来越细致，富有创意，极具个性，催生了许多定制类、创意类乡村旅游产品，如定制化农旅套餐。

3.旅游经济利益

在需求推动型模式中，乡村旅游目的地背靠城市或景区，强大的客源市场促使广大社会企业和村民依据游客需求对乡村旅游进行开发。资本是逐利的，巨大的资本投入使产出成为利益相关者关心的问题。只有当旅游开发者获得足够的回报时，才能持续进行投入，继续探析客源市场消费需求的变化并进行旅游产品和服务创新升级，同时吸引更多资本入驻，获得更多资金支持，发展更多的旅游项目，以更好地满足游客日益多元化的旅游需求，从而保证该模式的长期有效高质量运行。

4.政府管控

需求拉动型模式中游客需求占主导，属于典型的市场导向。乡村旅游具有公共产品属性，推动乡村旅游发展的同时也存在一些风险，出现市场失灵，导致乡村旅游资源开发重视经济利益，轻视社会效益和环境效益，缩短旅游产品生命周期，出现不良竞争、利益冲突等现象，甚至会出现盲目迎合市场需求，造成社会文化、历史遗迹等具有重大价值事物遭到不可挽回破坏的结果。在此之下，政府需要进行宏观调控，保证旅游项目符合国家社会经济发展规划和环境与生态等要求，把关需求拉动型模式下乡村旅游发展的质量，划定底线，合理配置资源与分配利益，避免不良竞争，化解利益冲突。

四、需求拉动型模式的实施策略

（一）市场分析

需求拉动型模式作为需求主导的高质量发展模式，其实现最为关键的环节便是市场分析。

首先，科学调研客源市场，包括基础层面和核心层面的调研。基础层面包括客源市场旅游者的数量、年龄、收入、消费等级等方面；核心层面包括乡村旅游动机、乡村旅游偏好等方面。综合各方面的信息，运用定量或定性的方法对所搜集到的资料进行调研分析，了解客源市场旅游消费者对产品内容、价格、功能等方面的意见和要求。

其次，根据调研结果及分析，按照旅游者需求等标准将客源地的旅游消费总市场细分为若干个子市场，并确定目标市场。不同子市场之间旅游者的乡村旅游需求存在着明显的差别，根据所选择目标市场的旅游消费者存在的个性需求，开发满足目标市场群体的差异化产品，把潜在的旅游市场需求转变为现实的旅游消费力。

最后，了解产品的市场占有率、市场反馈等信息，从而对旧有产品进行改造升级，调研新的市场需求以便开发新的旅游产品，根据需求调节供给，平衡产销。

（二）旅游产品开发策略

旅游资源、旅游体验、旅游服务、旅游文化等共同构成了旅游产品，用来满足市场的旅游需求和欲望，但客源市场不同，旅游个体的需求也不一，因此旅游产品开发时要从旅游消费者的角度出发，以客源市场需求为导向进行产品开发。具体的开发策略包括两种：产品多元化策略和产品个性化策略。

一是产品多元化开发策略。不同旅游动机对旅游产品开发的要求不同（表3-1）。在市场分析的基础上，根据客源市场的主流乡村旅游动机开发出乡村旅游主导产品，根据其他旅游动机开发出其他不同类型、不同内容的产品及服务，从而实现多元经营，在最广范围内满足旅游者的多样消费需求。例如，开发高端、中端、低端三个档次的旅游产品，满足不同消费能力消费者的需求。

二是产品定制化开发策略。旅游个性化需求日益凸显，定制游进入蓝海时代，需要开发定制化、主题化的旅游产品以及更高质量的服务水准，从而满足旅游主体的特定需求，如针对探险旅游群体开发漂流、野外攀岩等刺激性旅游产品。

表3-1 基于旅游动机的旅游产品开发要求

旅游动机	旅游产品开发要求
欣赏田园风光，回归自然	美化乡村环境，保持乡村景观原真性
体验乡村生活和民俗风情	游客直接参与农事活动和民俗活动
娱乐野趣	垂钓、捕鱼、漂流、采摘等
求知教育	农业园参观及农业知识讲解、人文景点介绍等

（三）政府适当管控

需求拉动型模式作为市场导向的发展模式，其高质量发展需要政府制定适当的管控措施，避免市场导向的负面效应，对市场进行干预以保障其高质量发展。法律政策方面，政府通过制定和运用经济法规来调节经济活动，明晰产权；制定相关法律法规维护乡村旅游利益各方的合法权利，限制垄断，反对不正当竞争；加强执法检查与执法协作，规范生产经营者的活动和市场秩序；建立体现生态文明的奖惩机制，制定环保政策，维护乡村空间脆弱的生态环境等。财政手段方面，划定产品价格的合理区间进行价格控制，抑制严重溢价、乱收费等现象；对符合绿色环保要求的企业进行补贴，减收税费，健全正向激励机制，以支持节能减排，维护乡村生态空间。教育手段方面，政府通过宣传、动员、感化、鼓舞等与乡村旅游的各经营主体进行沟通，将相关政策理念灌输到企业以及个体经营者的行为模式中，促使其朝高质量的发展目标前行。

第三节　环境推动型模式

一、环境推动型模式的背景

2022年中央一号文件《中共中央、国务院关于做好2022年全面推进乡村振兴重点工作的意见》发布，对于乡村旅游助推乡村振兴给予了充分肯定，还指出了广泛动员社会力量参与乡村振兴，深入推进"万企兴万村"行动。乡村旅游作为推进精准扶贫和乡村振兴的有效策略，深受国家重视。在此大环境的推动下，政府、企业纷纷参与乡村旅游的发展中来，助推乡村旅游高质量发展。

二、环境推动型模式的典型案例

五村镇巴某村地处广西壮族自治区百色市田阳区南部大石山区，全村总面积14.2平方公里，辖8个屯14个村民小组。2015年底精准识别后，全村贫困发生率为61.95%，为"十三五"时期深度贫困村。

广西壮族自治区文旅厅高度重视巴某旅游建设项目，依托巴某村山清水秀、气候宜人的自然禀赋，以及毗邻华润供港基地的优势，因地制宜大力发展乡村旅游。首先重塑乡村特色，不断推动乡村治理现代化。巴某村积极推进乡村风貌治理、乡村环境改造以及乡村配套设施建设，如开展特色住房外立面改造、实施农村污水处理工程、完善路网体系、安装人饮净水设备等。采取"公司+合作社+基地+农户"的模式，通过合作社统一流转土地，引进恒茂旅游、华润五丰等公司，打造18℃巴某凉泉度假村，实施500亩桃李基地、1100亩油茶示范基地、200亩铁皮石斛基地、150亩高标准葡萄及野菜园等项目，带动群众合作发展特色旅游产品、农特产品，发展观光农业，形成种植、养殖、旅游为主的三大特色产业，积极创建自治区级生态旅游示范区。2019年底，巴某村实现高质量脱贫，乡村振兴建设率先走在全区乡村前列，逐步实现为同类地区推出好经验、好做法的总目标，荣获"全国乡村旅游重点村""中国美丽休闲乡村""广西五星级乡村旅游区""广西十大最美乡村"等荣誉称号。

三、环境推动型模式的模式解析

（一）模式内涵

环境推动型模式是在国家大力提倡精准扶贫、乡村振兴等背景下，以政府为主导，农民为主体，辅以企业合作，将乡村旅游产业与脱贫致富相结合，实现乡村旅游高质量可持续发展的一种模式（图3-5）。该模式一般分布在我国西部偏远地区的贫困乡村。

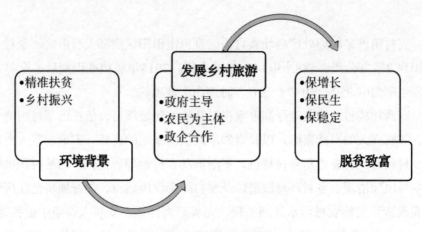

图3-5　环境推动模式

（二）关键因素

在环境推动型乡村旅游高质量发展模式中，以下三个因素至关重要。

1.农民为主体

在环境推动型模式中需要始终坚持农民的主体地位，坚持政府主导和农民主体的有机统一，构建政府主导与农民主体有机衔接和良性互动的善治格局。环境推动型模式作为适用于偏远地区的乡村旅游高质量发展模式，应充分调动各种资源和各类主体活力，尤其是激发农民的发展潜能，让当地农民参与乡村旅游的发展中来，挖掘农民的主体优势。

首先，农民是偏远地区发展乡村旅游最有效且长久的人力储备。乡村旅游的发展为农民提供了就业岗位，促进农民增收。与此同时，农民也承担了乡村旅游相关的生产建设、经营服务等工作。

其次，农民是乡村旅游最大的竞争优势。乡村所特有的民风民俗是久居于此的农民在长期生产建设过程中所创造的，以农民为主体能够保持乡村原生的田园风光和淳朴的生活方式，保留原真性，而原真性正是乡村旅游的魅力所在，以吸引游客的到来。[1]

2.政企合作

环境推动型模式作为政府主导的模式，其在乡村旅游发展初期更多是一种政府行为，带有一定的公益性质。但仅依靠政府对乡村旅游进行长期的资金、人才、技术等多方面的投入，财政压力过大，发展思维单一，创新性弱，导致乡村旅游发展后期疲软，难以保障乡村旅游的可持续高质量发展。此时则需要通过提高对外开放水平，与企业进行合作，在拥有土地、资源、基础设施、劳动力等基本生产要素的基础上，借助企业所拥有的资金以及信息、技术、高级人才、营运能力等较高层次的生产要素来发展落后地区的乡村旅游，并且企业所处的领域影响着乡村旅游的发展方向，如华瑞五丰带领巴某村发展种植业。企业的多元化促使乡村旅游产业朝多元化的方向发展，以实现多业态融合，扩展产业链。政企合作有助于补齐政府单一主导下乡村旅游发展方面的短板，使经济体制灵活化，为中后期的乡村旅游发展续航。

3.经济效益

将乡村旅游产业用于脱贫致富，是因为乡村旅游作为第三产业，相较于发展一、二产业而言，投资收益高，对乡村空间的破坏性较小，能够长期可持续发展，从而有效地增加农民收入，保增长、保民生、保稳定，从根本上防止返贫。此外，只有当农民因为参与乡村旅游的发展而获益，企业的投资得到回报，发展乡村旅游见到实效，政府、企业、农民等多方才有动力继续发展乡村旅游，探索乡村旅游后续高质量发展路径，因此经济效益是衡量该模式发展质量重要指标的同时也是该模式持续发展的有效动力。

---

[1] 王云才：《中国乡村旅游发展的新形态和新模式》，《旅游学刊》2006年第4期。

四、环境推动型模式的实施策略

（一）充分发挥政府主导作用

政府作为环境推动型模式的主导，需要充分发挥作用。

首先，加强基础设施建设。加强基础设施建设主要包括两个方面。

（1）乡村配套设施。依据乡村特色，开展特色住房外立面改造，动员群众拆除危旧房，建设小景墙、小庭院、小菜园等，改善乡村建筑风貌；开展安全饮水、污水治理、街道硬化、无害化卫生厕所改造、清洁能源利用、"三清一拆"和垃圾治理、村庄绿化、农村电子商务网点建设、生态扶贫农田水利、高效节水灌溉等美丽乡村工程项目，改善乡村群众生产生活条件。

（2）旅游配套设施。健全停车场、驿站、风景道、指引标识系统等乡村旅游交通设施，以及游客中心、住宿、餐饮、娱乐、购物等乡村旅游接待服务设施。对旅游配套设施进行乡土化改造、功能性升级，与信息化接轨，满足人们的高品质生活需求。

其次，加强从业人员的职业技能培训。当地农民转换为旅游服务人员，角色的转换要求职业技能转变，迫切需要采取脱产学习、现场教学、实际模拟等多种方式，进行沟通、礼仪、语言、专业技能、业务能力等多方面的相关培训，以提升乡村旅游服务品质。

最后，激发市场活力，吸引社会企业。结合乡村特色打造符合市场需求、形式多样的旅游产品体系，出台旅游优惠补贴政策，发行旅游消费券，完善营销策略，吸引客源，激发市场活力；结合旅游产业发展需求，出台招商引资补贴政策，吸引社会企业参与乡村旅游发展中来，实现投资多元化和产业业态多元化。

（二）延伸产业链条

延伸产业链条是扩展乡村旅游效益的有效方式，包括横向扩展产业链和纵向扩展产业链两个方面。受地区经济落后的影响，旅游产业与其他产业之间缺乏横向合作，缺乏产业联动，融合度低，导致产业链过窄。为此，需要加强产业链条中同级产业核心部门的协同意识。通过建立产业融合的环境机制、引进产业融合人才、建立乡村旅游产业园等多种措施，以乡村旅游发展为核心，加强旅游产业与文化、体育、康养、互联网等产业的融合，横向拓宽乡村旅游产品的功能。乡村旅游产业链条上游为农林牧副渔等产业，中游为农家乐、采摘园、度假村等核心乡村旅游产品，终端为旅游产品的消费者，通过将特色或者创意产业融入旅游产业链条、将群众镶嵌到乡村旅游产业链条以及引进旅行社、旅游平台等中介机构等多种措施，纵向拉长产业链条，但拉长产业链条的同时还需优化配置相关产业，进行纵向深化，以推进乡村旅游全产业链发展。

（三）坚持群众路线

环境推动型模式的主体是农民，发展成果要惠及农民，这就要求始终坚持群众路线，让当地群众广泛参与。

1.政府主导，发动群众参与

一是宣传动员。召开村民代表大会、党员大会、户主会，收集群众对美丽乡村建设的意见和建议。发挥村级大喇叭的覆盖面广、宣传速度快、接受度高的优势，定时播放环境整治相关政策、知识，号召群众自觉配合农村环境整治工作，打扫好自家房前屋后，养成文明卫生的生活习惯。组织村组干部、网格员走村入户开展宣传，通过广播、微信、抖音等多种渠道进行宣传，动员在家群众和在外成功人士出资出力，参与美丽乡村建设。

二是培育乡风。深入开展移风易俗活动，普及卫生知识，倡导文明健康、绿色环保、厉行节约的生活方式，加强农膜等废弃物的回收再利用，持续开展秸秆回收和秸秆还田工作，不断探索更为环保的生产生活方式。绘制文化墙，以生动活泼、群众喜闻乐见的形式，大力宣传文明新风尚、人居环境改造提升等内容。

2.示范引领，引导群众参与

一是亮点示范。由镇政府出资，协助各村建设小游园，发动各村集思广益，改造废弃轮胎、水壶，利用拆除的旧砖、旧瓦，建设亮点鲜明、独具特色的休闲场所，组织"逐村观摩、整乡推进"活动，现场打分，排出名次，通过"晒一晒""评一评""比一比"，传导压力，让各村看到差距，找到短板，交流经验，提升水平；通过挂牌表彰、物质奖励等多种形式激励引导农户争创"五美庭院"，引导群众发展庭院经济，号召群众庭内院外种植经济果蔬，建设"小菜园""小果园"，形成独特的田园村庄风貌。

二是党员带头。结合党史学习教育"为群众办实事"活动，扎实开展"党员亮身份、领责任、展风采、争先锋"活动，形成"党员带头群众干、群众跟着党员干"的良好局面。积极发挥各村党员干部的先锋模范带头作用，打破"等、靠、要"思维，带领广大群众主动开展环境卫生清理行动；动员党员干部与农户结对子，劝导群众拆除私搭乱建、清理乱堆乱放；通过开展周末回家"扫老院、清老宅、整一家、带一片"活动，动员党员干部、公职人员投身整治行动。通过党员带头，进一步增强群众参与农村垃圾治理、污水治理、厕所革命、村庄清洁行动的自觉性。

第四节　混合驱动型模式

一、混合驱动型模式的背景

推动乡村旅游高质量发展是利用乡村资源、供给侧结构性改革、助力旅游产业升级、满足市场需求、顺应环境趋势的必然要求。供给方面，旅游业持续高速发展，已经成为世界最重要的经济部门之一，而资源更是旅游业发展的前提和支撑。每个乡村都拥有着独特的自然环境、人文风俗等旅游资源，发展旅游产业具有天然的优势，不少农村抓住机遇，纷纷利用所拥有的资源推出农业观光、民俗体验等旅游产品，一改乡村单纯发展农业的传统。需求方面，随着城市进程和都市人口的快速增加，使公园、绿地、休闲活动空间和设备不足，迫切需要开拓新的旅游空间。加之人们生活节奏和生活压力加大，城市生态环境远不如乡村，人们对感受田园生活的需求越来越强烈。环境方面，随着经济的发展和人们生活水平的提高，人们的旅游经验和旅游经历逐步丰富和提高，传统旅游形式如观光游、景点游已不再满足旅游市场多元化的旅游需求，而乡村生态环境优美，民风淳朴，别具一格，成为人们追求美好生活、满足多元化需求的最佳旅游形式，作为新的旅游空间，深受旅游市场喜爱。乡村旅游对于推进乡村现代化和经济全面发展有着重要作用，符合国家发展的需要。综上，在供给、需求、环境等多方因素的驱动下，发展乡村旅游是大势所趋。

二、混合驱动型模式的典型案例

安吉县隶属于浙江省湖州市，位于长三角腹地，县域面积1886平方公里。安吉县的乡村旅游发展历程经过了三个阶段。在乡村旅游培育阶段，工业发展导致生态环境恶化，在"生态立县"发展战略和"绿水青山就是金山银山"理念的指导下，以及各级政府部门的主导下，通过政策、资金的支持，利用县域内拥有的资源大力推动乡村休闲旅游的发展，开办农家乐，发展农业休闲观光。在乡村旅游的发展阶段，开展美丽乡村建设，将安吉县域当作景区进行规划，高标准编制了《安吉县旅游发展总体规划》，着力打造一村一业、一村一品、一村一景。[1]通过建设"大、好、高"的旅游项目，改变了传统乡村旅游"散、乱、差"的局面；通过产业集聚，引领安吉县农业

---

① 江林茜、张霞：《乡村旅游经济发展模式初探——以成都农家乐为例》，《求实》2006
年第1期。

规模化发展，以市场为导向发展创意农业。通过市场化机制让农场开发不同类型、不同层次、不同规模的乡村旅游产品，着力打造地区特色发展模式，促进乡村旅游产业转型升级，朝高质量方向发展。目前，安吉县的乡村旅游发展进入了成熟阶段，与时俱进，进行科学规范的管理，在乡村振兴战略指引下进一步提升旅游产品供给质量，拉动市场需求，与农民共享发展红利。

三、混合驱动型模式的模式解析

（一）模式内涵

混合驱动型模式是在乡村旅游发展过程中，供给、需求、环境等多方因素共同作用，政府指导、市场经济、农民参与三者相结合，驱动乡村旅游高质量发展的一种模式（图3-6）。政府高度重视旅游业的发展，在不同的发展阶段扮演着不同角色，企业和农民是乡村旅游的主要参与主体，是利益的主要获得者。但在此类发展模式中，很难区分主导因素，不同阶段有着不同侧重点，驱动因子也不尽相同，随之具体的发展路径也会有所改变，具有鲜明的阶段性特征。

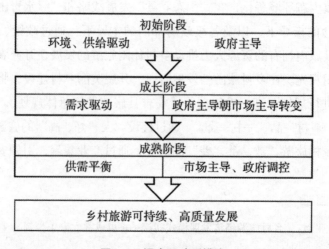

图3-6　混合驱动型模式

（二）关键因素

混合驱动型模式作为乡村旅游高质量发展模式之一，以下三个因素至关重要。

1.鲜明的阶段性

混合驱动型模式作为多因素驱动、多利益主体参与的高质量发展模式，难以区分该模式下乡村旅游发展全阶段的主导驱动因素、首要主体，不同阶段有着不同的侧重点，具有鲜明的阶段性特征。以安吉县乡村旅游发展历程为例，初始阶段是环境推动下，利用政策、资金、资源等条件，以政府为主导带动农户发展乡村旅游；成长阶段是政府引领下，以市场为导向，吸引企业入驻，利用市场机制开发多元化产品，高质量发展乡村旅游；成熟阶段，政府化身"保安"，以企业、农户为乡村旅游的经营主体，供需协调下推进乡村旅游可持续发展。

2.政府职能定位

不同阶段政府的职能定位有所不同。乡村旅游初始阶段，政府充当引领者的角色。乡村旅游的发展一直受到党中央、国务院及相关部门的高度重视，中央从规划、产业、土地、资金、人才以及人居环境整治等方面进行重要指示，出台了多项文件，对乡村旅游的发展方向、标准、目标等进行规划。例如，《促进乡村旅游发展提质升级行动方案（2018—2020年）》中指出要不断完善乡村旅游的配套设施，丰富乡村旅游的产品种类，积极支持和引导社会资本参与乡村旅游业发展等；《关于促进乡村旅游可持续发展的指导意见》中指出从旅游市场需求出发，推动乡村旅游发展的产业化、市场化等。这就要求地方政府在乡村旅游发展初期，按照国家总体规划，从整体出发，制定地方发展理念和开发思路，做好总体规划和部署，避免无序开发，扮演好引领者的角色。乡村旅游成长阶段，政府充当规范者的角色。经过一段时间的发展后，乡村旅游进入正轨，占据一定市场份额，经济也逐步发展。此时，政府需要从台前退居幕后，更多发挥市场的作用，扮演好规范者的角色，重点任务是研究、制定和出台切实可行的乡村旅游法律法规，并通过项目、资金、用地、信息等手段引导乡村旅游健康发展。乡村旅游成熟阶段，政府充当协调者角色。经历过成长期，乡村旅游的发展体系日趋成熟。此时，政府更多的是充当好协调者的角色，职能转向宏观调控、公共管理等方面，简政放权，重点协调好企业、农户之间的利益关系，保护旅游者的权益等。

3.驱动因素

在混合驱动型模式中，乡村旅游的高质量发展受到多因素的驱动，这些驱动因素可以分为内生驱动因素和外生驱动因素两个方面，内生动力主要包括乡村旅游供给和乡村旅游市场需求，外生动力包括政策支持、制度引导等。外生动力在乡村旅游发展中发挥着重要作用，但内生动力是一种内生性、根本性、持续性的系统动力，是最根本的存在。混合驱动型模式具有典型的阶段性，不同阶段驱动因素有所不同。乡村旅游最开始时，政府出于宏观形势、经济发展的需求，利用旅游资源推动乡村旅游的发展。乡村旅游成长阶段，在政府政策支持和经济利益的驱使下，农户、企业等广泛参与乡村旅游发展，规模化、产业化、高质化地提供乡村旅游产品，城市居民出于追求差异化的反向性需求，消费乡村旅游产品，这个阶段动力逐渐转换，从政府主导转向市场主导、从要素驱动转向创新驱动、从单一动力转向综合动力。乡村旅游成熟阶段，旅游产品体系日趋完整，旅游市场份额稳定，满足市场需求，提质增效、创新升级成为发展目标，内生动力占据主导。

四、混合驱动型模式的实施策略

（一）制定阶段性发展战略

如前所述，混合驱动型模式具有鲜明的阶段性特征，不同阶段政府的职能定位、驱动因素等都有所不同。因此，实施混合驱动型模式时，在初始阶段、成长阶段、成熟阶段准确区分政府职能定位，识别驱动因素，从而制定相应的阶段性发展战略。

首先，准确区分政府职能定位。政府扮演好协调者的角色，搭建旅游发展平台，建立健全乡村旅游管理综合协调机制，培育发展乡村旅游行业协会等。

其次，识别驱动因素。驱动因素主要有供给、需求、环境三部分，侧重供给驱动时，要求合理规划旅游资源开发，拓宽旅游产品模式，加强旅游产业发展保障，提供高质量的旅游产品。侧重需求驱动时，要求在政府适当管控下，依据全方位的市场分析开发旅游产品，满足多元化的旅游市场需求。侧重环境驱动时，要求政府加大扶持力度，充分发挥政府主导作用，积极鼓励农民参与，坚持群众路线。

最后，制定阶段性发展战略。

（二）完善利益协调机制

旅游开发项目必须研究旅游利益相关者，协调利益关系，减少利益各方之间的冲突，走可持续发展道路。混合驱动型模式涉及政府、企业、村集体、农户、旅游者等多方利益相关者，并且不同阶段利益诉求有所不同，因此需完善利益协调机制，保持利益协调机制随着乡村旅游的发展动态演化。

首先，乡村旅游发展初始阶段，充分强调政府在利益协调中的作用。政府出面解决旅游资源开发与乡村空间保护、开发企业与当地居民等方面的冲突与矛盾，举行各方代表出席的协调会和听证会，加强各方间的沟通，倾听各方诉求，找准矛盾切入点进行管控。

其次，乡村旅游发展成长阶段，成立行业中介组织与非政府组织，利用第三方当事人介入的形式对各利益相关主体进行监督管理，引导各利益相关主体进行理性竞争与利益博弈协商，维护当地旅游业市场公平竞争与健康发展；与此同时，注重游客诉求，提升乡村旅游的服务品质，提升游客满意度。

最后，乡村旅游成熟阶段，搭建乡村旅游信息网络平台，各旅游企业由信息网络在吃、住、行、游、购、娱等一系列服务上形成紧密的产业关联网络体系，进而组成经济网络与结构体系，保证各企业间旅游产品与服务的互补性，互通有无互补经营，缓解产品供需矛盾。

第四章 乡村文化旅游开发模式

　　我国是历史悠久的国家，山川、名人、古迹不胜枚举，如何利用好这些乡村文化，促进地方经济发展，成为地方经济发展的重要秘诀。在全国基础建设不断完善的今天，如何发展地方文化特色，发展彰显地方乡村文化的旅游产业，成为旅游业发展的重要方向。本章就具体分析乡村文化旅游开发的模式，以便于各地充分重视地方资源，使乡村文化与旅游产业相融合，从而提升乡村旅游的竞争力。

第一节　乡村文化与乡村文化旅游发展

一、乡村文化

乡村文化作为与城市文化相对应的一种文化形态，是构成人类文化的重要组成部分。我国自古以来就是一个农业大国，几千年的中国文化深深根植于农业文明之中，从某种意义上说，乡村文化是中国传统文化的源头活水，农民群众是乡村文化建设的主体。

乡村文化可从广义和狭义两方面去解读。从广义上讲，乡村文化是指乡村人口在乡村长期的社会实践活动中所创造出的物质财富和精神财富的总和，它由相互独立却又不可分割的四个层面构成，即物质文化、行为文化、制度文化和精神文化。从狭义上讲，乡村文化则仅指乡村的精神文明活动，是农民的文化水平、思想观念以及在漫长的农耕实践中形成并积淀下来的认知方式、思维模式、价值观念、情感状态、处世态度、人生追求、生活方式等深层心理结构的集中反映，表达的是农民群众的心灵世界、人格特征以及文明开化程度，既是农民精神状态的内化，也是乡村社会进步的标志。[①]

---

① 顾阳、吕英胜：《如何搞好农村文化工作》，山西经济出版社，2009，第1页。

二、国内外乡村文化旅游研究

（一）国外乡村文化旅游研究

20世纪中期，欧美一些国家和地区的学者十分重视乡村文化在乡村旅游发展中的保护，并且形成了完善的理论并开展实践，为全世界的乡村旅游景区规划提供宝贵的思路。

对于文化在乡村旅游发展中的应用，美国学者 Forman（1996）注重乡村旅游景区生态价值和文化价值的结合，并从生态空间理论的角度提出了新的景观设计原则和模式。[①]

罗马尼亚学者 David Turnock（2002）提出保留自己独特的文化特征、文化资源与生态资源结合的乡村旅游环境，是保证文化旅游可持续发展的重要因素。[②]

在乡村旅游景观规划的实践方面，国外学者将乡村文化上升到文化遗产的保护。

波兰学者Julita Markiewicz-Patkowska等人（2016）概述了乡村文化遗产体现的物质和精神文化在乡村旅游发展中的重要性，以及旅游业对遗产保护的作用。[③]

匈牙利学者 Csurgó Bernadett等人（2022）阐述了自己的观点，认为基于原真性的地方传统进行地方营销形成强烈地方感是旅游业发展的先决条

① Forman：《Some General Principals of Landscape Ecology》，《Landscape Ecology》1996年第3期。

② David Turnock：《Prospects for Sustainable Rural Cultural Tourism in Maramurey，Romania》，《Tourism Geographies》2002年第1期。

③ Julita Markiewicz-Patkowska、Piotr Oleśniewicz、Krzysztof Widawski：《The Educational Function of the Rural Cultural Heritage in the Polish Experience》，《Educational Alternatives》2016年第1期。

件，但加强社会凝聚力和文化认同，会更能成功吸引游客。[1]

德国学者 Schuhbauer Sarah Lisa 等人（2022）利用合作实现数字应用于农村文化旅游营销中，以提升农村文化影响力。[2]

（二）国内乡村文化旅游研究

从产业融合的角度来看，首先，文旅融合不是文化和旅游的简单相加，而是"以文促旅，以旅彰文"实现1+1>2的成效，是文化和旅游资源相互融通形成的发展方式、模式和业态创新；其次，文旅融合是职能的融合，文化和旅游的话语体系需要高度融合；最后是市场的融合，让市场在配置文化和旅游资源中起决定性作用，最终创造出被市场认可的高文化内涵、深度文化体验的文旅项目，以提升旅游活动质量，使人民文化旅游消费需求得到满足。同时，文化旅游产业作为一种全新的低碳环保、无污染、高附加值的现代服务业产业类型，正在成为推动地方经济社会转型发展的新动能和新生产力。

2020年，《中共中央关于制定国民经济和社会发展第十四个五年规划和二〇三五年远景目标的建议》提出，"推动文化和旅游融合发展，建设一批富有文化底蕴的世界级旅游景区和度假区，打造一批文化特色鲜明的国家级旅游休闲城市和街区，发展红色旅游和乡村旅游"，标志着文化和旅游业进入了文旅融合发展的新时代，对实现文化和旅游产业双向互动和充分发展具有重要的战略意义。

虽然当前国内关于乡村文化旅游的研究比较少，但是一些学者从自身的研究出发提出了一些个人见解。

张坤（2021）认为，乡村文化是在乡村区域内，乡村居民长期从事农业

---

[1] Csurgó Bernadett、Smith Melanie：《Cultural Heritage，Sense of Place and Tourism：An Analysis of Cultural Ecosystem Services in Rural Hungary》，《Sustainability》2022年第12期。

[2] Schuhbauer Sarah Lisa、Hausmann Andrea：《Cooperation for the Implementation of Digital Applications in Rural Cultural Tourism Marketing》，《International Journal of Culture，Tourism and Hospitality Research》2022年第1期。

和生活所产生的文化，具有乡土地域和人文风情气息的文化。[①]

贺小荣（2001）认为，乡村旅游文化是乡村各行各业等各种文化的综和。[②]

张艳等（2007）认为，乡村文化是产生乡村旅游的主要动因，对旅游决策有重要影响。[③]

吕宾（2019）认为，乡村文化是人们在长期的农业生产生活实践中形成的带有地域性、乡土性的物质文明和精神文明的总称。[④]

三、乡村文化旅游发展的现状

（一）同质化严重且缺乏文化特色

乡村文化旅游之所以能够吸引大量来自城市的游客，主要是由于游客希望能够暂时远离喧嚣的城市生活，置身美丽的乡村，体会有别于城市的特色乡风，欣赏乡村的青山绿水，品尝绿色安全的农产品。但目前我国许多地方的乡村文化旅游业呈现出同质化严重且缺乏特色创新的局面。大部分乡村文化旅游都局限于吃农家饭、赏花摘果、钓鱼棋牌这些千篇一律的旅游项目，而对于当地的文化特色、乡风民俗少有挖掘，缺乏具有地域特点的乡村文化旅游项目。乡村文化特色是乡村旅游长期发展的关键因素。我国乡村文化旅游若不及时调整发展路径，尽快推出具有创新文化特点的旅游项目，一些地方的乡村旅游将很快在竞争中被淘汰。

---

① 张坤：《提升乡村文化自信的几点思考》，《今古文创》2021年第38期。

② 贺小荣：《我国乡村旅游的起源、现状及其发展趋势探讨》，《北京第二外国语学院学报》2001年第1期。

③ 张艳、张勇：《乡村文化与乡村旅游开发》，《经济地理》2007年第3期。

④ 吕宾：《乡村振兴视域下乡村文化重塑的必要性、困境与路径》，《求实》2019年第2期。

（二）缺乏科学管理及统一规划

目前，我国乡村文化旅游业总体投资及经营规模小且分布较为混乱，许多地区发展乡村文化旅游仅凭"一亩大棚、一片鱼塘、一个果园"就冠以乡村文化旅游的名片，缺乏科学的组织规划和统一的监督管理。国内乡村文化旅游看似正处于经营热潮，但实际上大多未经过科学规划，地区分布混乱，并且很多地区文化旅游项目水平低、重复率高、毫无创新，最终导致无序的市场竞争。一些经营者为提高自身竞争优势来实现利润最大化，无视乡村生态环境保护，过度开发当地生态资源，在取得短期经济效益的同时却给乡村生态环境造成难以估量的破坏。

（三）局部地区存在短视行为

文化旅游资源的开发与保护是文化旅游业发展过程中必然要面对的一对矛盾体。如何在合理开发乡村文化旅游资源的同时保护乡村的生态可持续性，这是决定乡村文化旅游业能否长期可持续发展的关键。

一些地方政府对生态环境和文化旅游资源的保护意识薄弱，且相应监督管理部门对乡村文化旅游资源开发及经营过程中的监管力度不够，容易忽视生态可持续性而盲目追求眼前的短期经济利益。乡村文化旅游地村民的生态环保意识不强，加之大部分村民的受教育水平较低，很容易为了快速获得经济效益而过度开发当地文化旅游资源。游客的素质参差不齐，部分游客只图一时享乐而忽视对乡村自然资源、旅游资源等的保护，导致不同程度的生态环境破坏。

（四）品牌效应不突出

在乡村文化旅游开发过程中，由于地域经济发展水平的局限性和资金支持的不可持续性等综合原因，乡村旅游的同质化特征明显，大多照搬其他村落的固有模式，开设农家乐，以自然风貌为依托来吸引游客，没有发展当地特色文化品牌，地域品牌效应无法凸显，也没有形成长久吸引游客的经典项目和高端文旅产品。

乡村旅游发展的长久之路在于构建地域性的文化和自然特色，并依赖品牌效应实现更大范围的经济收益，联动其他吃穿住用行的建设紧跟其后，但目前大多数乡村旅游并不注重对品牌文化的塑造和构建，只局限于短暂的低端、同质化旅游项目，无法在区域内脱颖而出，进而造成对当地旅游的一次性消费，不利于乡村旅游的长远发展，更无法持续促进乡村发展。

此外，城镇化进程的加快和新农村建设也在一定程度上抹杀了农村自有特色，取而代之的是千篇一律的城镇化新农村建设。

（五）产业融合的共识度低

乡村文化旅游的发展不能以牺牲其他产业的发展为代价，更不能因消费群体对乡村文化旅游的热衷而忽视其他产业的发展，或者集中所有资源用于旅游开发，造成其他产业资源、人力、设备的短缺。

然而，鉴于乡村文化旅游是以"乡土性"为核心的文化旅游休闲活动，其通常习惯于将发展眼光聚焦于乡村自身，而在如何促进乡村与城镇的融合方面则缺乏关注。乡村旅游产业与其他一、二、三产业的融合发展程度也相对较低，没有深度挖掘游客对乡村农产品、文化手工艺品、民俗节目的深度需求，使产业融合效率低下，没有形成城乡一体化旅游，农业、服务业、工业协同发展的产业链条，一定程度上影响了乡村整体振兴。从事乡村旅游的当地民众或群体，也缺少产业融合发展的思想认识，没有达成产业模式创新发展的共识，导致乡村旅游后劲乏力。

（六）文化旅游综合效益低

随着近些年乡村文化旅游的火热开展，广大乡村纷纷发展文化旅游项目，而盲目开发造成了大量文化旅游资源浪费。乡村文化旅游所带来的社会、经济、文化、产业效益，使社会资本和掌握雄厚资金的投资者纷纷涉足乡村旅游行业，地方政府有时为了区域经济的发展和指标任务的完成，对于资本的拥有者也持欢迎态度，而没有附加应有的限制条件，导致很多投资者不顾及当地乡村文化旅游资源性质和产品开发规模，过度利用自然资源进行开发和建设，甚至一度造成自然资源的破坏和生态系统的毁损，利益驱动下的投资者既不会过多考虑当地生态环境的保护，也不会顾及当地居民的收益权利和居住条件的改善。逐利行为的过重趋势如果持续下去，将导致乡村失去古朴的乡土气息，走上商业化道路，失去乡村旅游的核心吸引力，威胁乡村发展的可持续性。

四、乡村文化与乡村旅游融合的双向驱动

快速推进的城市化使农村传统的生产生活方式逐渐瓦解。在城乡二元发展的背景下，城市人产生一种"乡愁"情结：乡村是很多城市人集体记忆的源泉，乡村成为"他者"也就是城市人凝视的对象；机械刻板的城市生活使市民产生逃离欲望，宁静美好的乡村成为"诗意地栖居"的最佳场所。乡村的多元、活态、平民形象被凸显、构型和强化，乡村成为可观赏的去处，通过对自身文化价值的探求，场所本身具有了可参观性从而呈现为旅游目的地。城市人由机械的日常生活进入宁静的乡村世界，通过参观传统民居、体验乡风民俗等，缓解身份焦虑，寻求社会认同。从产业融合的视角来看，文化和旅游产业的融合形成了新的文化旅游产业，引发原来的产业模式、价值主张、业务系统以及盈利模式的转变。在城市与乡村的结构张力下，乡村文化成为乡村发展与复兴的产业资源，文旅融合成为驱动乡村振兴和乡村旅游高质量发展的关键，涉及乡村文化意义评估、转译、传播、消费等环节，从根本上实现协同。

（一）文旅融合发展是旅游消费升级的客观需求

中国旅游市场消费升级的动因主要来自几个方面。一是中国新一代主流旅游消费群体的崛起，即"70后""80后"为主体的新中产和"90后""00后"新一代青年消费主体，他们不再满足于传统的旅游形式，更喜欢个性

化、多样化的旅游选择，旅游内容的文化性、知识性需求不断提升。二是新一代旅游消费主体对文化类景点和景区文化属性的需求增长，离不开国家倡导的传统文化复兴的战略决策引导，以及改革开放40多年后，我国整体实力提升和物质需求得到基本满足后，逐渐对我国文化的回归和内在心灵渴望和求知动机。三是新技术革命飞速发展和快节奏、机械化的城市工作与生活，催生出更多的新一代旅游消费者渴望回归乡野、诗意栖居的文化需求。

（二）文旅融合发展是对旅游的人文属性的体认

我国旅游业发展长期以来比较注重旅游行为的经济学意义，对不同游客的个性化需求关注比较少。但旅游本身是一种当代文化行为，是人类个体基于自身的文化、精神需求而开展的空间流动性行为，游客不仅是经济学意义上的数字，更是人文学意义上的生命，旅游的决策、动机、体验与游客个体的审美趣味、文化背景等诸多人文性因素息息相关。促进文化旅游融合发展，对旅游的人文性认知，是对每一个活生生的游客个体的生命特性、精神特性和行为特性的观照。

（三）文化旅游融合发展是国家与地方文化发展与产业转型的新动能

国家与地方文化建设长期以来坚持文物保护、公共文化服务、文化产业发展的三轮驱动模式，但是当前地方文物保护、公共文化服务更多依靠财政支持，缺乏活力。文化旅游融合发展有利于为地方协调和统筹文物保护、公共文化服务、文化和旅游产业发展提供全新发展思路，同时为一些文化资源富集、经济欠发达地区文化发展带来旅游市场因素这样的经济动能，激活地方的特色文化资源。

第二节 乡村文化旅游与传统文化挖掘

一、乡村文化旅游与传统文化挖掘的现状

（一）对乡村传统文化认识程度不足

要使乡村传统文化与旅游相结合，就要对传统文化有正确理解和选择。然而现实中，人们对乡村传统文化的理解往往是片面的，使其无法得到充分的开发和利用，从而影响了乡村传统文化与旅游业的融合发展。现代社会对传统文化的认识还存在着一些误区，如认为乡村传统文化是一种地方传统文化，再加上乡村传统文化的传播方式有误，造成了旅游者对乡村文化的认识和期望出现偏差，甚至对大众传统文化也有不良的体验。可见，只有系统、全面地认识传统文化，才能更好地吸引更多的游客，使乡村传统文化和旅游产业的发展真正地结合起来。

（二）缺少经济支持

乡村传统文化和旅游产业的发展已是大势所趋，为促进传统文化与旅游的融合发展，国家和政府逐步加大了对传统文化旅游的支持力度，使大众传统文化为旅游业的发展注入新的生机和生命力。但同时也出现了一些问题，如某些地方的传统文化、旅游开发等方面的资金不足和补充不足，加之媒体对传统文化事业的宣传力度不够，从而使我国的旅游发展呈现出一种非均衡的发展态势，同时也对传统文化和旅游产业的整合发展产生不利影响。

政府是乡村文化发展的主导性因素。但一段时期以来，政府主导性角色在乡村传统文化挖掘中未得到有效发挥。首先，政府对乡村传统文化缺少实际调研。政府对乡村传统文化的挖掘缺乏精准性，难以做到因地制宜，过于注重数量，必然在一定程度上忽视其效能质量，导致实效性上未能有效实现与乡村民众文化需求相吻合。其次，政府文化政策跟进力度不够。乡村文化政策在一定程度上缺乏前瞻性、预见性，在遇到乡村传统文化发展新情况、新问题时，未能主动做出整体、科学规划，致使部分乡村传统文化政策更似"权宜之策"。有关乡村传统文化政策制定缺乏统筹规划，与乡村发展的其他相关政策缺乏配套性、系统性，一定程度上制约了乡村文化发展。最后，政府文化工作重心调整不到位。乡村文化管理滞后，人力配备和部门设置欠合理，基层政府文化管理部门表现尤甚。在人力资源配备方面，乡村文化管理人员数量少，与乡村传统文化发展繁荣及乡村民众文化需求差距较大；部门职能分工模糊，文化归口管理不清；有的乡镇将民间文化组织活动仅视为宣传性工作，由乡镇宣传部门负责管理。诸如此类情况，应以乡村传统文化发展实效为目标，并加以深入考究。此外，政府文化惠民工作开展不够深入，对乡村传统文化市场消费能力缺乏准确预判。

（三）相关产业链发展不完善

乡村传统文化与旅游相结合是提升传统文化影响力和吸引力的关键。然而，在二者的结合发展中，乡村传统文化对旅游业的发展并未起到应有的推动作用，同时也没有形成与之配套的产业链条。之所以会产生这样的问题，是因为在发展的时候缺乏规模化、一体化的发展思路，使游客在游览时未享受到更为完善的旅游服务。此外，乡村传统文化的发展自身也存在着规模小和经费不足的问题，在市场的定位上也存在偏差，从而对乡村传统文化的发展产生不利的作用。[①]因此，在我国的旅游业发展中，要想真正发挥其应有

---

① 李晶莹：《乡村振兴背景下秦东地区文化产业融合发展路径研究》，《文化产业》2021年第17期。

的作用，就必须加强其自身的传统文化建设。在我国南部，经济较为发达，乡村传统文化和旅游的结合发展已形成了一个较为完整的产业链。北方地区旅游发展相对缓慢，尤其是陕北地区，文化和旅游产业的结合还未形成规模化、链条化的趋势。

（四）旅游传统文化的定位不准确

旅游业是一种新兴的行业，其发展速度非常快，这主要是因为人们旅游需求的不断上升。然而，由于传统文化在文化属性、专业性、民族性等诸多因素上存在着一些差别，旅游者对其传统文化的理解不足，加之由于缺少专门的向导讲解，使游客不能融入传统文化，更不能真正了解传统文化的内涵。在这种环境下，因为游客缺乏参与意识，随着时间推移，会有越来越多的人离开。因此，要持续发展体验型旅游，以各种形式开展特色的民俗、传统文化体验，使其充分感受到浓郁的乡村人文和历史氛围。

二、新时期乡村文化旅游与传统文化挖掘的策略

（一）以游客体验为主

旅游核心价值是传统文化，旅游的根本目标在于进行不同的传统文化交往互动。在旅游活动中，人们会在感受和体验各种传统文化的同时，增强自己的审美和品位，提升自身的民族荣誉感和幸福感。因此，要想使生活真正得到改善，就必须加强对大众传统文化的挖掘，使之不断地改善和提高其服务的作用。要充分而又认真地认识民众现实的传统文化需要，把他们与本地的旅游项目紧密地联系起来，并不断发展和革新。可以安排游客参加民俗活动，引导人们积极参与其中，如参加民俗放风筝、转九曲、红枣采摘节、过大年等，以介绍历史和传统的方式使人们了解到这一传统的民俗传统文化，丰富游客的文化生活，提升他们对旅游的满意程度，同时也使他们对当地传

统文化产生敬意。①

（二）做好发展趋势调查

为了促进传统文化与旅游产业的深度融合，必须加大对大众传统文化的调研力度，同时要根据大众文艺的发展动向和发展趋势，大力弘扬和推广大众传统文化。为了增强传统文化的传播效果，还可以利用本地的传媒进行推广和报道，或者通过制作有特色的小短片来增加观众的关注度；与此同时，国家还应加大对地方特色产业的支持，促进地方经济的可持续发展。在开发特色旅游时，要坚持和践行"以人民为中心"的思想，充分挖掘地方的传统文化特色，同时要在发展的道路上不断地进行改革，使之能够更好地适应人们的多样化旅游诉求和感受传统文化的需要。②

（三）结合市场开发纪念品

旅游其实是一种重要的传统文化传承，将传统文化与旅游相结合可以使传统文化的内容更具内涵，从而更好地凸显地方传统文化优势和特点。它可以使景区的各项活动和服务职能更加完善，从而增加了游客的数量，使旅游者在景区逗留的时间更长，从而在无形之中提升了景区的品位。要想推动大众传统文化与旅游产业的结合，必须对其进行全面的调研，这样才能更好地引导旅游纪念品的发展。按照不同类型、不同特点，可以大力发展多样化的景点。这些地方既是景区，又是传统文化的载体，让游客对本地传统文化和非遗传统文化有更深入的理解；另外，还可以根据当地的风俗习惯来打造一个传统的文化园区，并开发和设计出一些有地方特色的小型旅游产品。

---

① 张娟、高文洁、聂雅茹、张磊：《基于乡村振兴背景下民族文化与旅游产业相结合的发展路径探究——以广西百色市为例》，《现代商业》2021年第16期。
② 张祝平：《乡村振兴背景下文化旅游产业与生态农业融合发展创新建议》，《行政管理改革》2021第5期。

（四）打造特色文旅品牌

大力培育具有鲜明个性的旅游传统文化素质是促进大众传统文化与旅游产业相结合、促进地方经济发展、提升地方形象的一条有效途径。充分发挥本地的文化资源与优势，强化其传播与弘扬的人文精神，是推动地方经济发展的一个重大举措。首先要充分发挥好多种媒体平台的作用，运用媒体平台的特点来增强传统文化的宣传力度，把传统文化建设成为旅游产业发展的中心。例如，可以通过抖音、小红书等软件和娱乐平台，将相关的旅游资讯传播给大众，以此来凸显本地的传统文化，提升对大众的传统文化影响力。其次，突出地方民族传统文化，大力弘扬地方特色，以某县为代表，大力推广巴蜀文化、红岩精神、川剧文化、长江文化，以吸引更多的游客。同时，通过宣传地方传统文化，也可以在一定程度上增强当地人的凝聚力，在情感上也起到重要的纽带作用。这样既可以宣传传统文化，又可以给地方旅游产业注入新的生机。最后，要加大对特色民居建筑的宣传。例如，以山城吊脚楼为主要元素，在相关景点建设一批临崖吊脚楼旅馆，供游客在这里休息，感受当地的传统文化建筑韵味，使游客有更深层次的旅游体验。

三、新时期乡村文化旅游与传统文化挖掘的思考

（一）坚持政府主导地位

高标准的规划和高质量的管理是政府主导地位的重要体现。城市发展规划的任务明确指出，要实现经济和传统文化的协调发展，要把传统文化和旅游业有机结合起来，创造一个新的发展空间。因此，要在持续推进传统文化与旅游产业的融合发展中，坚持以政府为主导，通过政府的支持，积极搭建招商平台，吸引更多的企业前来投资。这样才能吸引更多高质量的旅游资源，促进本地的旅游发展。同时，要充分发挥政府对传统文化旅游发展的积极作用。

（二）传承中华优秀传统文化

在推进传统文化和旅游产业发展的同时，也要坚持大力宣传和弘扬社会主义先进传统文化。同时，在发展传统文化旅游时，也要根据市场的实际情况，对旅游产品进行丰富和扩展，并积极地开发和创造新的消费热点。针对不同类型的消费群体，积极推出多样化的产品和服务。

中国非物质文化遗产是中华优秀传统文化的重要组成部分。中国非物质文化遗产（China Intangible Cultural Heritage）是指中国各族人民世代相传，并视为其文化遗产组成部分的各种传统文化表现形式以及与传统文化表现形式相关的实物和场所。非物质文化遗产是中华文明绵延传承的生动见证，是联结民族情感、维系国家统一的重要基础。

2022年12月，习近平总书记对非物质文化遗产保护工作作出重要指示，要推动中华优秀传统文化创造性转化、创新性发展，不断增强中华民族凝聚力和中华文化影响力，深化文明交流互鉴，讲好中华优秀传统文化故事，推动中华优秀传统文化更好走向世界。这彰显了以习近平同志为核心的党中央对非遗保护工作、申遗工作的高度重视，深刻阐明了做好非遗保护工作的重大意义、目标任务、方法路径。

乡村给非遗的传承发展提供了土壤，其重要价值和现实作用在乡村振兴的过程中经受住了充分的检验，非遗的保护与开发搭乘乡村振兴战略的机遇不断进步。坚持创造性转化、创新性发展，深挖非物质文化遗产价值，找到传统文化和现代生活的连接点，能够在促进乡村振兴中发挥非遗服务当代、造福人民的作用。

第一，发挥非遗美育价值助力人才振兴。非遗以其丰富的艺术资源与精彩的工艺实践，将民族文化精神培育融入乡村生活，营造良好的美育氛围。中共中央办公厅、国务院办公厅印发的《关于进一步加强非物质文化遗产保护工作的意见》强调，健全非物质文化遗产保护传承体系，完善代表性传承人制度。以艺术之美扮靓日常生活，吸引更多从业者，不仅能发挥民间艺人活态传承的主观能动性，更能为乡村振兴提供工艺人才支撑。

第二，传承非遗历史价值助力文化振兴。乡村是中国传统农耕文化生长的沃土，非遗多数来自这片沃土，并且成为中华优秀传统文化的重要组成部分。传统戏曲、民族舞蹈、民间美术、乡村民俗等都是老祖宗留下来的宝贝，保护好、传承好、利用好这些非遗资源，对延续历史文脉、建设文化强国具有重要意义。积极探索"非遗+文物保护""非遗进社区""非遗+课堂"等多种创新模式，既能让非遗焕发新光彩，也将为乡村文化振兴注入源头活水。

第三，提炼非遗绿色价值助力生态振兴。良好生态是乡村振兴的支撑点。在建设宜居宜业和美乡村过程中，非遗以其独具魅力的传统手工艺生产方式，带动村民涵养生态文明理念。比如，从茶叶种植加工，到银器、镉瓷、竹编等各类手工艺，都天然蕴含着亲近自然、保护自然的理念，传承这些非遗工艺有利于在潜移默化中养成绿色生活方式。

第四，提升非遗社会价值助力组织振兴。非遗包含着深厚的传统智慧，体现中华优秀传统文化的强大感召力，促进其合理利用，有助于解决乡村治理难题，吸引人才回流，重聚村庄人气。比如，云南泸水市将党建、非遗、乡村振兴相结合，拓宽了群众增收渠道。此外，基于不同文化传统的民间社会组织以及群众自发成立的文艺团体，在满足人们精神文化需求的同时，也提升了基层组织的凝聚力与向心力。

第五，推动非遗创造性转化、创新性发展，助力产业振兴。加强非遗活态保护与传承，将不仅能为乡村产业振兴注入强劲动能，更能为传承中华优秀传统文化、推进文化自信自强提供旺盛活力。

（三）注重专业人才的培养

对社会各领域的发展而言，人才是一个稳定发展的重要因素。因此，要使传统文化和旅游相结合，就要充分利用地方传统文化资源，同时还应加强对地方传统文化和旅游业的整合和发展。因此，要大力发展本地的优秀人才，培养出更多有技术特色的传统文化传承人员，让他们的工作热情和积极性得到充分利用。同时，要吸引更多的研究人员投身于大众传统文化和旅游产业的融合，为传统文化旅游产业的发展提供坚实的人才基础，使之更好地发展。

第三节 乡村文化旅游开发的案例分析

在建设美丽中国和乡村振兴战略的背景下，发展乡村旅游是带动乡村振兴的有力抓手。成渝地区双城经济圈承担着我国西部发展的重大责任，区域内的乡村旅游良好发展不仅有利于成渝地区生态环境保护，更有利于成渝地区乡村产业融合升级，产生巨大的经济效益。由于成渝地区双城经济圈分属两个行政区域，区域内各自拥有各自的发展目标，缺乏整体发展规划，导致成渝乡村旅游存在要素统筹不够、恶性竞争、盲目扩张等系列问题，研究成渝地区双城经济圈乡村旅游协同发展对提升成渝乡村旅游综合竞争力、落实乡村振兴战略、促进成渝地区双城经济圈高质量发展具有重要理论价值和现实意义。

一、成渝地区双城经济圈概况

2020年初，中共中央对成渝地区双城经济圈作出重大决策，推动成渝地区双城经济圈发展已成为当前我国重大国家战略，2020年10月，中共中央政治局召开会议，审议通过《成渝地区双城经济圈建设规划纲要》，2021年10月，中共中央、国务院印发《成渝地区双城经济圈建设规划纲要》。

成渝地区双城经济圈主要包含重庆市西部和四川省东部，位于四川盆地，东部与湖北相邻、西部靠近青藏、南部交接云南与贵州、北部是陕西与甘肃，为西部核心区域，具有承东启西、连接南北的地理优势。其中重庆部分山脉众多，坡地较多，俗称山城重庆，长江自南向北横穿而过。重庆约在北纬28°～32°、东经105°～110°间，属典型的亚热带季风性气候，在重庆山地地形和亚热带季风气候的双重作用之下，重庆气候有多云雾、少霜雪的特点，故又有"雾都"之称，整体来说，重庆具有冬暖春早、夏热秋凉等宜居优势。四川部分面积辽阔，地势复杂整体呈西高东低，由山地（秦巴山地）、丘陵、平原

（成都平原）、盆地（四川盆地）和高原（青藏高原、云贵高原）等构成。四川气候类型复杂多样，区域表现差异显著，主要为亚热带季风气候（四川盆地）、高原山地气候（川西高原）两种气候类型，总体气候宜人。重庆市与四川省两地毗邻，两地不同的地形、宜人的气候有利于吸引彼此游客，促进交流。

除自然地理之外，成渝地区双城经济圈战略位置突出，位于我国各大战略部署的交汇地带，是中国最主要经济带——长江经济带的战略支撑，也是"一带一路"的重要战略节点、新一轮西部大开发的战略平台、内陆开放战略高地。其总面积18.5万平方公里，常住人口近1亿人，常住人口规模、地区经济总量持续增长，占我国比重也不断上升。规划范围包括重庆部分中心城区（渝中区、江北区、南岸区、九龙坡区、沙坪坝区、大渡口区、北碚区、渝北区、巴南区），中心城区附近的南川、璧山、合川、涪陵等区以及万州、黔江、长寿等 27 个区（县）和开州、云阳的部分地区，四川省包含其省会成都及四川东部泸州、德阳、绵阳（除平武县、北川县）、广安、达州（除万源市）、资阳等 15 个市，其中有 2 个核心城市（重庆中心城区、成都），有 8 个区域中心城市（四川 6 个、重庆 2 个）。

二、成渝地区双城经济圈乡村旅游发展的对比分析

（一）成都区域乡村旅游发展及现状概况

作为我国农家乐旅游的排头兵，成都区域[①]乡村旅游国内领先，不仅是最早发展乡村旅游的区域，也是发展速度最快的地区之一。乡村旅游不仅被视为促进统筹城乡开发、促进农业多功能发展和乡村产品结构调整的主要抓手，也被视为政府带动农户发展增加经济收入的主要途径和推进社会主义新农村建设的主要载体。截至2011 年，四川省农村公路工程建设已完成近2万

---

① 成都区域：成都为核心的成渝经济圈四川区域部分。

公里，其中通乡公路已建成5000多公里，通村公路已建成2万多公里，区域内乡村交通环境得到了明显改善，道路畅通水平显著提高。四通八达的城乡公路网和人均汽车拥有量的不断提高，给广大城乡居民前往乡村旅游带来了巨大的交通便利。

成都区域拥有大量优质的乡村旅游资源，其乡村旅游资源中自然与文化资源相得益彰。据统计，2011年，区域内各地的乡村旅游已完成总收入600多亿元；2012年，乡村旅游总收入已达到了800多亿元，约占全国的三分之一，乡村旅游已成为其农户增加收入的主要源泉。但是，除去成都以外其余城市乡村旅游发展有较大差距，其他区县乡村旅游产品还处于中等以下经营水平。

近年来，成都区域乡村旅游发展遇到瓶颈问题，进入"需求量季节性变化大、行业无序争夺、服务网络不完善、相关文化内涵不够"的实际困局中，乡村旅游的产品层次低、产业链短，经济融合度偏低，虽然其拥有大量优质的乡村旅游资源，但是无法很好地转化为经济优势，未能充分发挥乡村旅游与城市旅游之间应有的互补优势，乡村旅游产业发展呈现大而不强、大而不优的失衡状态。成都区域面积较大区县较多，其中很多区县的相关基础设施建设较差，如果想进一步发展乡村旅游还需要加大投入。

（二）重庆区域乡村旅游发展及现状概况

重庆属于大都市、大农村结构，有着天然发展乡村旅游的优势，虽然重庆的乡村旅游发展已经带动很多农村地区脱贫致富，但是总体来说发展时间相对较短，重庆一些区县乡村旅游发展仍依靠自主发展状况，规划方向不明确，发展目标不清晰，其乡村旅游产品相对单一，集中在低端的观赏、采摘等旅游项目，乡村旅游产业链还不完善，乡村旅游配套设施有待健全，很多地方还处于乡村旅游发展的初期，因而乡村旅游产品吸引力弱，并没有在消费人群意识里形成有效深刻的形象，大部分乡村旅游目的地名气较低。重庆涉足乡村旅游开发、经营与管理的专业人才极其匮乏。同时，重庆乡村旅游收益不高，其中一个主要原因在于重庆乡村旅游的消费水平不高，一般乡村旅游者的人均消费不足。近些年以来重庆市政府尤为重视乡村旅游的发展，给予了大量政策、资金支持，重庆区域乡村旅游发展处于蓬勃上升阶段。

2019 年，政府出台《关于促进乡村产业振兴的实施意见》，其中重庆市政府要求进一步开展对重庆乡村旅游的提质升级行动，主张大力打造乡村强势旅游品牌、"地标"项目与"地域"产品，同时规划全区域全季度的上百条乡村旅游精品线路。近年来，市级相关部门认真贯彻落实市委、市政府工作部署，结合重庆市乡村旅游发展实际，推进乡村休闲旅游业实现全域全季发展，先后编制了《重庆乡村旅游发展规划》等规划，出台了《关于进一步加快乡村旅游发展的意见》等系列文件，推动政策、资金和项目向贫困地区、乡村地区聚集，引导乡村生态旅游发展，助力乡村振兴。这些规划及政策的出台有力地引导了重庆市乡村旅游行业发展。

（三）成渝地区双城经济圈乡村旅游对比分析

如表4-1所示，从区位、资源、社会环境、辐射范围、基础设施以及代表产品条件等方面来看，成都区域与重庆区域有着不同的区域特征，重庆区域以山地为主，多山区性，成都区域以平原为主，同时又各自有着自己的民俗风情，如重庆区域有独特的土家族苗族风情，成都区域有彝族、羌族风情；但是双方也有相似的历史文化与生活习惯，都有着良好的自然、历史环境基础；在交通方面，成都区域与重庆区域的内外交通网络都已形成，乡村可进入性强，由于重庆多山地形交通条件稍微弱于成都区域。整体来说，成渝区域乡村旅游既具有很多相似处又具有互补性。

表4-1　成渝地区乡村旅游现状对比表

条件 / 地区	成都区域	重庆区域
区位条件	四川盆地中西部，有成都平原，农业发达，有岷江、沱江两大水系	四川盆地东部，平均海拔高，垂直落差大，长江、嘉陵江两江环抱
资源条件	乡村旅游发展早，四季气候宜人，地形地貌丰富，各类资源丰富	冬暖夏热，湿润多雨，以山地垂直景观为主，土家、苗家风情
社会环境条件	同心圈层的城市结构，成都及周边经济社会发达，其地区较为欠缺，社会休闲旅游风气好	号称"山城"，城乡接合密切，大城市大农村，对乡村旅游具有浓厚的需求

续表

条件/地区	成都区域	重庆区域
辐射范围	成渝城市群人口及周边城市	成渝城市群人口及周边城市
基础设施条件	内外交通网络已形成，交通一体化程度高，乡村可进入性强	内外交通网络已形成，交通一体化程度高，山地地形，乡村可进入性稍弱
代表产品	"五朵金花"旅游区、川西坝子农家园林、农家旅舍	生态科技农业园、南山农家乐、森林公园

三、成渝地区双城经济圈乡村旅游发展的问题分析

从成渝地区双城经济圈乡村旅游发展现状可知，成渝地区双城经济圈乡村旅游自然和社会状况差距较大，呈现区域内两省市毗邻地区塌陷状况，协同度较低，主要存在以下问题。

（一）乡村旅游发展存在中部塌陷问题

成渝地区双城经济圈分属两个行政区域，重庆区域与成都区域各自以重庆和成都为核心发展造成成渝地区有明显的"中部塌陷"地带，相对于成都、重庆双核强劲的集聚能力，中间地带发展水平相对滞后，其中乡村旅游发展基础如交通里程、固定资产投入、第三产业人数等均呈现中部塌陷状况，本应该连接成渝地区双城经济圈的中部毗邻地区"桥梁功能"薄弱。

（二）乡村旅游同质化发展问题严重

成渝地区山水相连，地理条件相似，文化相融，在生活习性和美食等方面，成渝地区内有着极大的相似性，乡村旅游产品辐射范围交叉，容易无序发展造成恶性竞争。

（三）特色旅游路线和旅游产品缺乏

成渝地区双城经济圈内除了核心地带，其他区域尤其是两省市毗邻地区，乡村旅游发展仍依靠自主发展，规划方向不明确，发展目标不清晰，其乡村旅游产品相对单一，集中在低端的观赏、采摘等旅游项目，乡村旅游产品吸引力弱，并没有在消费人群意识里形成有效深刻的形象，大部分乡村旅游目的地名气较低。

（四）消费者消费水平不足

由于大多数乡村旅游产业链还不完善、配套设施有待健全，很多地方还处于乡村旅游发展的初期，游客多为一日游当日往返，停留时间短，购买的也多是初加工产品，导致成渝地区乡村旅游的平均消费水平不足。

（五）乡村旅游资源转化难度大

成渝地区双城经济圈内很多区县的相关基础设施建设较差，如果想进一步发展乡村旅游还需要大量投入，虽然拥有大量优质的乡村旅游资源但是无法很好转化为经济优势，未充分发挥乡村旅游与城市旅游之间应有的互补优势，乡村旅游产业发展呈现大而不强、大而不优的失衡状态。

四、成渝地区乡村文化与旅游协同发展的建议

（一）加强顶层规划，搭建协同机制

首先，成渝地区双城经济圈包含两个行政单位，应该在《成渝地区双城经济圈建设规划纲要》的指导下结合成渝乡村旅游实情，制定专门针对乡村旅游协同发展的整体规划，明确重庆区域、成都区域对于各自辖区乡村旅游

发展方向以及整体协同的责任与义务。

其次，建立成渝地区双城经济圈乡村旅游协同发展联动机制，确保在出现跨区域、跨领域的乡村旅游协同发展时，双方能够以目标明确、行动迅速、统一协调的原则开展跨省合作。

再次，积极探索成渝地区双城经济圈乡村旅游协同发展的成本共担、利益共享机制。共享机制的建设不仅要充分考虑各地各利益团体的利益构成，建立结构合理、特点明晰的利益平衡体系，也要综合采取措施维持其长期稳定发展，依据两地不同情况的经济社会实情不断调整补偿机制和奖惩力度，建立富有生命活力的补偿机制。

最后，完善沟通协调机制，提供协同组织保障。要实现成渝地区双城经济圈乡村旅游协同发展与利益最大化，需要加强成渝两地联系，建立多层次的沟通协调机制。对乡村旅游管理部门间领导磋商、互派干部挂职制度等作出制度性安排，为其他主体间交流提供相关平台，并对乡村旅游产业其他相关沟通机制作出说明。同时，构建成渝双城经济区乡村旅游产业协同发展联席会议架构，并纳入重庆区域和四川区域代表，统筹协调成渝两地乡村旅游产业规划编制、发展与实施等事项，实现决策共商共建共享。

（二）增强乡村旅游微观主体协同

地方政府作为政策制定者、公共服务提供者，要想实现成渝地区双城经济圈乡村旅游协同发展，可以从以下几个方面进行部署：改变传统的管理与治理模式，创新发展管理，充分发挥社会资本与智力作用；积极利用百姓智慧优势，鼓励群众建言献策，不断完善成渝地区双城经济圈乡村旅游协同发展体系建设；在利益分配上，对社会力量的正当利益进行保护，对成渝乡村旅游资本的合理诉求给予支持，使其在成渝地区双城经济圈乡村旅游协同发展经营与管理中获得应有收益。乡村旅游企业需要紧跟国家发展战略步伐，以长远目光看待成渝地区双城经济圈乡村旅游协同发展，以期获得更好发展。从演化博弈中可看出，乡村旅游企业选择及政府决策会影响消费者对旅游产品的购买意愿，是否配合对消费者是否消费有着直接影响。乡村旅游企业应努力提升建设标准，避免同质化、恶性竞争，把握旅游者需求、提升游客满意度。可利用新媒体等加强相关宣传，增强消费者成渝经济圈整体意识，让消费者积极参与成渝地区双城经济圈乡村旅游协同发展中。另外，旅游者的参与带来更多消费，因此可以提高成渝地区双城经济圈乡村旅游协同发展建设效率，实现成渝地区双城经济圈乡村旅游协同可持续发展。消费者拥有更多的参与意识才能让成渝地区双城经济圈乡村旅游协同发展企业获得更多收益，实现乡村旅游相关产业更好的发展，提高成渝乡村旅游品质。

（三）打造特色旅游产品，加强乡村旅游产品联动

成渝地区乡村旅游企业仍有很大一部分依靠自主发展，规划方向不明确，其乡村旅游产品相对单一，产品吸引力弱，并没有在消费人群意识里形成有效深刻的形象，因此成渝当地政府应该出台相关规划，明确发展方向，联合成渝地区乡村旅游企业，依托成渝特色自然风光、民俗风情、农事活动等，发展特色巴蜀乡村旅游产品，并且在旅游资源优势地带集中力量打造出品牌以带动周边及沿线发展。

推进"渝进川回，川进渝回"乡村旅游产品联动，增加成渝乡村旅游整体游玩时间与趣味性，从而促进消费，提升成渝乡村消费水平。成渝地区双城经济圈区位条件优良，乡村道路可达性高，乡村旅游资源密集，拥有多条铁路、公路与飞机航线，交通便利、发达，交通的发展有效缩减了旅游目的地的空间距离，节约交通时间成本，有效提高目的地的可达性，从而增强了目的地的吸引力，扩大了客源市场半径，也有效地满足了成渝地区双城经济圈内乡村旅游产品的联动，适用于周末游、研学游等各种形式。

（四）成渝地区乡村旅游建设智能支持平台建设

1.打造成渝地区乡村旅游建设智能支持平台

为加强成渝地区双城经济圈内乡村旅游各类主体之间的沟通交流及乡村旅游资源交换共享，政府可以加大相关基础设施投资，牵头打造成渝地区乡村旅游建设智能支持平台，同时可以运用该平台获取额外收益，降低协同成本。成渝地区双城经济圈乡村旅游智能支持平台是一个集成乡村旅游知识系

统、乡村旅游开发微客系统、乡村旅游O2O服务系统三大系统，包含辅助设计系统、生态环境监控系统、资源共享系统、景观策划系统、虚拟展示系统、从业人员远程教育与就业系统六个子系统，具有规划设计、生态监控、远程教育、虚拟展示、信息共享功能，是服务于规划者、投资者、建设者和运营商的信息化、服务化多功能应用平台。

信息综合服务关键技术包括：个性化乡村旅游模型、乡村旅游辅助规划设计技术、环境监测传感器网络技术、乡村旅游信息资源建模与共享发布技术、个性化分时乡村旅游服务技术、乡村旅游资源信息虚拟展示技术、乡村就业人员招聘、乡村旅游从业人员远程教育培训技术等。

成渝地区乡村旅游智能支持平台建设如图4-1所示。

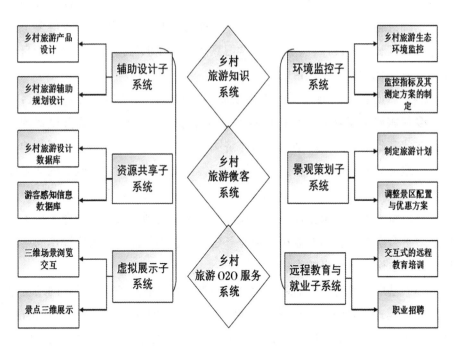

图4-1 成渝地区乡村旅游智能支持平台建设图

2.成渝地区乡村旅游智能支持平台运用

成渝地区双城经济圈乡村旅游智能支持平台集成人力、财力和物力，通过辅助设计系统、生态和监控系统、资源共享系统、景观策划系统、虚拟展示系统、从业人员远程教育与就业系统六大子系统，可以保证任何与成渝地区乡村旅游相关的人员都可以运用成渝地区双城经济圈乡村旅游智能支持平台得到帮助。

（1）投资者首先可以结合国内外典型特色旅游案例，在平台上依据案例模板和平台的咨询服务，形成自己真正地想投资的乡村旅游项目，并且可以对这个乡村旅游项目进行提前预演和模拟，以便于更好决策。其次，投资者可以在平台上招聘到技术性相对较强的高校毕业生和有一定基础的当地农民。

（2）大学生可以通过网络平台进行虚拟操作旅游规划，与智囊团交流学习，提高自己景观设计和风景园林规划的能力。

（3）村民可以在服务平台进行自己家乡建设的预演，在村容村貌的改善、基础设施建设、乡村美食设计、职业能力提升、旅游景观设计等多个方面进行咨询和自主设计；在平台上学习到相关的知识与技能，无论对于自己在家创业还是就业有极大帮助。

（4）旅游者可以通过平台参与成渝地区双城经济圈内乡村旅游项目推送、乡村旅游信息获取、乡村旅游项目众筹等基于 O2O 电子商务模式的互动，在此基础上掌握成渝地区双城经济圈乡村旅游动向，让游客更深刻地了解成渝地区双城经济圈乡村旅游系统知识，提高经济圈内乡村旅游的知名度和参与度。

（5）智囊团（专家教授、资深设计师、园林规划者、政府专业人员）可以通过平台实现自己的专业拓展和业务延伸，这不仅提升了项目操作的科学性，同时也保障了自身的发展。

（5）基层乡政府可以通过网络直接与投资者洽谈业务，同时，网站也会提供竞拍模式，最终实现科学合理的价位，并且可以咨询专家，相互讨论，从而选择更符合本地发展的业务，一定程度上解决乱开发、只顾眼前开发不顾后续等问题。

成渝地区乡村旅游智能支持平台运用如图4-2所示。

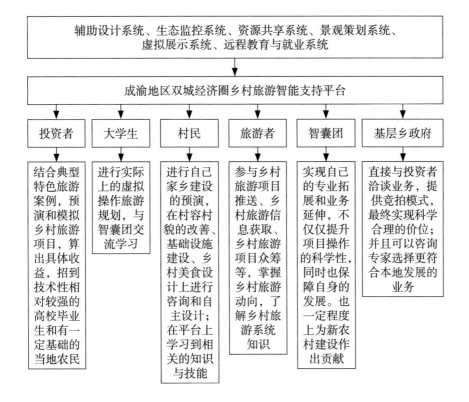

图4-2 成渝地区乡村旅游智能支持平台运用图

第五章　乡村旅游品牌塑造模式

乡村旅游发展可以充分发挥旅游品牌的影响力，从而让更多其他地区的人了解与认识乡村旅游品牌，进而扩大乡村旅游的知名度。本章主要研究乡村旅游品牌塑造模式的相关内容。

第一节　品牌理论及乡村旅游品牌定位

一、品牌理论

（一）品牌的内涵

1.品牌是资产

当产品具有响亮的品牌之后，市场认可度将极大提高，有利于提高品牌的营销资产价值，对于扩大市场销量和提高营业额都具有重要意义。

2.品牌是符号

品牌由名称、标志、象征物、代言人、包装等要素组成，这些识别要素形成了一个有序的符号体系，能让消费者轻松识别。

3.品牌是个性

品牌能推动追随者或者认同者表达强烈的个人情感，以示与众不同。消费者常以消费某种品牌的产品来展示个人性格特征。

4.品牌是定位

品牌的识别意味着产品具有独特的形象，对市场具有强烈的辐射功能，常具有较大规模的潜在消费者群体，品牌设计与潜在市场形成了对应关系。

5.品牌是文化

从消费者角度来看，品牌消费形成了口碑效应，蕴含了消费者的认知评价。从产品生产者的角度来看，品牌蕴含了企业精神和企业理念。

（二）品牌建设CI理论

CI是英文"Corporate Identity"的缩写，中文含义是"企业形象识别"，也称为"企业形象"。CI理论的目的是通过创造良好的企业形象，从而构建企业商品或服务与客户共存共享的和谐的经济生态关系。CI 理论主要包括三部分，分别是理念识别（MI）、行为识别（BI）、视觉识别（VI）。

1.理念识别（MI）

MI（Mind Identity），即理念识别系统，包括企业的战略思想、经营方针和管理理念，这是CI 的灵魂。

2.行为识别（BI）

BI（Behavior Identity），即行为识别系统，包括企业管理行为和市场营销行为，这是CI 的行为表现。

3.视觉识别（VI）

VI（Visual Identity），即视觉识别系统，包括企业的品牌、商标、代表色，这是CI 的视觉传达。

理念识别（MI）、行为识别（BI）、视觉识别（VI）要保持文化内涵和逻辑概念的一致性，行为识别（BI）、视觉识别（VI）以理念识别（MI）为核心，进行构架和拓展。总之，品牌建设CI理论对于乡村旅游品牌建设具有重要的参考价值。

二、乡村旅游品牌定位的产品划分

从乡村旅游供给角度来看，狭义的乡村旅游产品是指乡村旅游服务；广义的乡村旅游产品不仅包含旅游服务，还包括服务凭借的物质条件，即乡村旅游资源、乡村旅游设施、乡村旅游购物品和乡村旅游目的地可进入性。从乡村旅游需求的角度来看，乡村旅游产品是乡村旅游者的消费经历和感受。

（一）乡村旅游产品层次划分

1.核心产品

乡村旅游核心产品是乡村旅游供给方向游客提供服务的基本效用或利益，即使用价值，它是游客购买和消费的主体部分，对于提升客户的核心体验具有重要意义，也是吸引乡村游客到来的动力源泉。具体表现为基于乡村景观和乡村文化的乡村性、原真性及其审美感受。

2.外延产品

乡村旅游的外延产品是指乡村旅游资源和乡村旅游设施，即乡村旅游供给的物质形态，是旅游服务依赖的物质条件。乡村旅游资源包括自然景观和人文景观两大类，为乡村游客提供了审美和学习的物质载体，乡村旅游设施为乡村游客提供了食宿、休闲和娱乐的物质凭借。但要注意，设施建设应保障基本旅游供给的系统性和完整性。

3.辅助产品

乡村旅游辅助产品包括乡村旅游产品形象、乡村旅游品牌建设、乡村旅游管理和服务水平。乡村旅游辅助产品是乡村旅游市场竞争的抽象要素，对于提升游客的体验具有重要意义，在互联网时代要充分利用信息与通信技术提升经营管理水平，并开展乡村游客便捷服务。

（二）乡村旅游产品资源划分

1.聚落建筑旅游产品

聚落建筑旅游产品是指耕地之外的村民居住、生活、休息、劳作和进行社会活动的场所分布形态，其形态有分散型的农家庭院，集聚型的团状、带状和环状聚落，特殊型的水村、土楼、窑洞和堡寨。乡村建筑包括当地民居建筑、公众活动场所的各类建筑，以及规模化和专业化的旅游接待设施，它是乡村聚落的具体建筑形式，多取材于当地的建筑材料，具有独特的传统范式和地域风格。

乡村地域由于长期的区位经济弱势、交通设施相对落后，受都市化和现代化的影响进程缓慢，不但保持着古朴的乡村聚落形态，还保存有大量的古代建筑、民族建筑等特色建筑，成为现代乡村旅游资源开发的重要支撑。例如，重庆的洪崖洞、四川的明月国际陶艺村、山西的晋商大院、浙江的乌镇和江苏的同里古镇、安徽的西递和宏村、江西婺源古村落群、贵州的西江苗寨、福建永定土楼群落、河南的郭亮村等。在乡村旅游产品设计中，要注重保护与开发并举，去掉落后与弊端，留住乡愁和传统，以传承古老文明。有些乡村地区虽然没有丰富的传统文化资源，但因地制宜、合理规划，在乡村建设过程中展示了社会主义新农村的风貌。

2.民俗风情旅游产品

乡村民俗风情包括民族民俗和制度民俗，这些与城市化迥异的异质文化吸引了诸多城市游客。民族民俗是传统的乡村民俗文化和民族文化长期积淀的结果，既有物质的形态，也有抽象的内容。乡村制度民俗也是广义的民族民俗文化的特殊组成部分，包括乡村的权力民俗和礼制民俗两方面。

乡村民族民俗包括：（1）生产民俗，如农耕民俗、手工业民俗；（2）商业民俗，如集市、交易民俗；（3）消费民俗，包括饮食和服饰等方面；（4）游艺民俗，如民间竞技、民间游戏、语言民俗、民间音乐和舞蹈、民间戏曲和曲艺等；（5）信仰民俗，如宗教、禁忌、崇拜等；（6）节日民俗，如传统节日、民族年节等。

乡村制度民俗中权力民俗包括:（1）家族民俗，如称谓民俗、排行民俗、继承民俗等；（2）组织民俗，如行会民俗、社团民俗等。乡村制度民俗中礼制民俗包括婚嫁、寿诞、葬礼等方面的民俗。

3.田园生态旅游产品

田园生态旅游产品是在乡村田园生态环境的背景下，将各种农事活动、乡村社会活动与旅游活动相结合而开发形成的乡村旅游产品，可分为农业景观游、农业科技游和务农体验游三种类型。

（1）农业景观游

农业景观游包括田园风光游、林区风光游、渔区风光游、草原景观游等。农业景观游融入了生态旅游和绿色旅游理念，再加上农耕文化元素，旨在让游客感受到丰富的景观审美情趣和深厚的农业文明底蕴。

（2）农业科技游

农业中的科技应用提升了农业现代化的水平，激发了"农业+科技+旅游"新业态的创新活力。例如，农业科技示范园和农业园艺博览园，将农业生态科技和农业生产过程相结合，促进了乡村一、二、三产业的融合发展。

（3）务农体验游

城市居民分为原居民和迁入居民。历史上乡村经济长期弱势，故有乡村人口主动迁入城市寻求生存空间。在城市扩张和城乡一体化的发展进程中，一部分乡村人口纳入城市人口范畴。对于城市原居民而言，农耕生活是新奇而有魅力的。对于城市外来居民而言，乡愁和怀旧成为体验农耕生活的动力，于是催生了专门的务农体验游。

（三）乡村旅游产品体验划分

1.乡村观光旅游产品

乡村观光旅游产品是以乡村自然旅游资源和人文旅游资源为观光对象的旅游活动形式，涉及基于乡村旅游资源划分的所有产品形式，如聚落建筑、民俗风情、田园生态、自然风光。乡村观光改变了城市游客的居住环境，在游玩的过程中游客开阔了眼界、增长了见识、陶冶了性情，从而提高了自然与人文之美的鉴赏能力。

2.休闲娱乐旅游产品

乡村民族民俗具有浓厚的传统文化底蕴，许多内容被评定为非物质文化遗产，为乡村休闲娱乐活动提供了重要支撑。其中的游艺民俗内容丰富，诸如庙会、戏曲、秧歌、锣鼓、旱船、龙舟、杂技、竞技等活动，增强了游客休闲娱乐的参与度。乡村旅游中的瓜果蔬菜采摘、特色饮食品尝、主客互动演艺、风俗礼仪参与和乡村工艺品制作等体验性活动使游客更多地了解到乡村地域的风土人情，进而深刻体会到乡村生活的欢乐和美感。

3.体育康养旅游产品

乡村地域生态环境优美，空气质量普遍较好，拥有辽阔的空间、多样化的地质地貌、丰富的药膳食材，既可以开展登山游、乡村跑、日光浴、温泉浴、森林浴等活动，还可以进行心理治疗、康复疗养以及药食养生等。

4.乡村度假旅游产品

靠近都市周围的乡村地域，常凭借美丽的自然风光和温泉疗养条件开辟乡村旅游度假村。乡村旅游度假村对于喜爱一日游、周末度假和近距离旅游的城市居民来说具有较强的吸引力。公司会议、会展旅游、家庭聚会常在这里举办。此外，乡村旅游度假村还通过举办节庆娱乐活动和农耕文化研学活动吸引了众多亲子游的城市游客。

5.乡村研学旅游产品

通过乡村旅游活动开展研究性学习和旅行体验相结合的校外教育活动，让孩子们感受乡土风情，体验乡村生活方式。乡村研学旅游活动引导青少年亲身参加亲近社会与自然的实践活动，促进其社会化，增强其群体交往的能力，充分体现了体验性和群体性的教育特色。乡村研学旅游作为综合实践育人的有效途径，可以有效承载道德养成教育、社会教育、国情教育、爱国主义教育、优秀传统文化教育、绿色环保教育、创新精神和实践能力培养。

6.户外探险旅游产品

乡村地域常具备地质条件多样化的特点，为开发户外探险旅游提供了条件。户外探险旅游因具有探索自然界奥秘的吸引力，成为乡村旅游产品的一个突出的主题形式，也是体育活动和户外娱乐的重要形式，它提高了人类对自然与艰险的适应性，磨炼了人们的意志和品格，深受驴友、背包客和探险旅游者的喜爱。

7.乡村节日旅游产品

乡村节日对游客的吸引力和聚合效应使其形成规模旅游市场，从而打造乡村节日旅游产品。乡村节日旅游产品根据节日活动内容的不同大致可以分为以下五种：农村风光节日、农业产品节日、民俗文化节日、历史典故节日和综合类节日（如各地的乡村生态旅游节）。

8.乡村会议旅游产品

乡村会议旅游产品指的是以乡村自然生态环境和人文社会环境为背景，将举办会议作为切入点而开发的一种乡村旅游产品。会议举办单位比较关注为与会者提供一个良好的环境，以期得到与都市会议不同的氛围。

9.乡村购物旅游产品

乡村购物旅游产品即具有乡村地域特色的旅游纪念品、工艺品、生活用品和土特产品，亦即有形的乡村旅游商品，它丰富了乡村游客的购物体验。乡村企业和手工业者可就地取材进行加工，许多商品同时具有纪念性、鉴赏性和实用性。例如，民族服饰、包具、收纳盒以及微缩景观等深受乡村游客的喜爱。此外，乡村地域食材丰富，可手工制作多样化的食品，这也是游客返回住地后馈赠亲朋的上好选择。

10.其他专项旅游产品

体验型的乡村旅游产品除上述常规分类之外，还有其他小众市场所青睐的专项产品，如野营旅游、怀旧旅游、摄影旅游、影视旅游、遗址旅游、亲子旅游、童趣追忆体验、忆苦思甜体验等。

乡村旅游满足了都市人"乡村怀旧"和"回归自然"的心理需求，迎合了中国旅游产品结构化调整的客观要求，是旅游开发形式转变的新探索。

第二节　乡村旅游品牌的价值与意义

乡村旅游的发展符合新时期低碳、绿色、环保、和谐、可持续发展的要求。要想在竞争中取胜，必须独具特色，进行品牌建设与品牌宣传，提高品牌的知名度和信誉度，实现旅游产品差异化，以吸引更多的消费者。品牌建设对于树立乡村旅游的鲜明形象、提高市场占有率、获得产业发展规模效益具有重要意义。

一、有助于传播中国优秀的传统文化

旅游传承文化的本质基于旅游者的消费体验，因此乡村旅游需要挖掘自身的文化内涵，通过旅游这一载体使文化得以保护、传承和发扬。乡村旅游品牌建设的过程就是对文化发现、整理和传播的过程。

通过品牌的塑造、宣传和发展，向各地人民展现中华优秀传统文化，以增强民族凝聚力和自豪感。作为朝阳产业的乡村旅游，在乡村振兴和建设美丽乡村中起到了重要的推动作用，为农村经济发展带来新的增长点，调整了农村产业结构，推动了农村的现代化进程。

二、有助于促进乡村旅游产品的特色化、精品化

乡村旅游品牌是乡村对自然资源和人文资源及相关要素进行特色化提炼而成，具有经典性和差异性，在一定程度上能约束恶性竞争，避免重复建设和模仿开发，既有助于克服雷同现象，也有利于充分挖掘自身的旅游优势，不断升级、推陈出新，最终形成差异化、特色化、精品化的经营格局。

三、有助于提高乡村旅游的竞争力

乡村旅游品牌在倡导体现理性价值的同时，也可以起到强化感性和象征性价值的作用。因而，易得到旅游者的认同，有利于培育市场、扩大规模，充分发挥品牌的聚集效应，带动相关产业的发展，走产业化、集团化的发展之路，全面提升整体的竞争力，推动乡村旅游发展。

第三节　乡村旅游品牌塑造的策略

一、构建乡村旅游品牌体系

（一）旅游品牌定位

深入挖掘乡村旅游特色，即有地域风格的乡村性，选择差异化市场营销策略来进行市场定位；并以原真性应用展示乡村旅游的乡村性，将原汁原味的乡村旅游资源呈现给乡村游客，以提升乡村游客的消费体验。

（二）旅游品牌打造

应在特色定位、产品定位、市场定位的基础上进行乡村旅游产品包装设计。系统化打造乡村旅游品牌，包括设计品牌的理念识别系统、行为识别系统和视觉识别系统，具体包括经营理念、管理服务体系以及品牌的名称和标志，从而建立有特色、有吸引力的品牌形象。

（三）旅游品牌营销

旅游品牌的营销是提高品牌知名度的重要途径。在现代社会，市场营销的途径和平台愈加多元化，这为乡村旅游品牌体系的营销带来了更多的发展机遇，因此可以根据乡村旅游的市场需求定位有效选择营销渠道和手段。

（四）旅游品牌保障

品牌建设与营销的成果需要转换为持久的发展动力，这就需要有坚实的品牌保障，包括品牌建设保障和品牌组织保障。品牌建设保障主要通过完善的配套设施、优质的旅游服务、全程化的旅游品牌检测与危机管理来维持旅游品牌的正面形象及其持久的市场影响力。而品牌组织保障则是在政策层面给予品牌建设和运行充分的支持。

二、创新乡村旅游品牌发展路径

（一）打造品牌个性，保持品牌特色

品牌名称要有市场冲击力和影响力，体现出乡村旅游资源的特点，以增强对目标市场的吸引力。所以，品牌名称在简明易辨的同时，还需要与品牌特色相结合。此外，品牌标记作为品牌特色符号，也应该遵循上述设计理念。品牌口号的设计也应充分体现品牌及旅游产品本身所蕴含的丰富价值观，以引起目标市场的情感共鸣。

（二）挖掘品牌潜能，深化品牌内涵

打造乡村旅游品牌要通盘掌握本地的乡村旅游产业发展潜能，持续开发其产业资源，发挥产业资源特长，有指向性地开发旅游产业的商品与服务。

在目前发展形势较为旺盛的体验型旅游产品体系之外，更应该深入挖掘本地丰富的历史文化资源，通过有机结合的方式融入当前的乡村旅游开发之中，打造极具本地特色的旅游产业资源，丰富乡村旅游品牌的内涵和产业结构。

（三）掌握产业动态，明确市场定位

应开展广泛的具有针对性的市场调研，及时掌握省内外旅游产业发展动态及动向，重点分析乡村旅游目标游客群体的需求特征。同时，要积极学习运用旅游市场细分方法和大数据技术，准确统计并分析调研数据，结合乡村旅游资源特点，充分挖掘其乡村性和原真性，并对乡村旅游客源进行更加明确、科学的市场定位，打造坚实的品牌营销管理基础。

（四）融入新型业态，强化品牌促销

首先，可以通过开发特色乡村旅游活动，树立独一无二、具有一定影响力的品牌形象与特色。其次，积极融合新业态发展，实现线上线下营销活动"双管齐下"、共同发展。积极开发新兴媒体平台与网络营销渠道，提升品牌线上市场的知名度与影响力，促进潜在客源的了解与互动，及时掌握产业新动态，不断开发新客源，建立线上游客反馈机制，及时获取游客反馈建议并有针对性地改进提升旅游产品与服务。最后，积极利用好传统宣传媒介，采用丰富多样的形式在潜在客源较多的地区和人流密集处投放品牌广告。

（五）统筹监管和经营，提升品牌管理水平

规范乡村旅游产业监管机制，培育壮大乡村旅游市场，提升景区服务水平，健全游客反馈建议渠道，切实尊重与维护消费者权益，营造健康有序的旅游市场氛围。近年来，随着经济社会发展水平的提升以及发展战略的调整，各级政府更加重视与支持乡村旅游产业的发展，这是乡村旅游产业发展的重要机遇。因此，乡村旅游目的地更应该加强自身建设，提升品牌意识，健全品牌体系，积极适应市场需求，为经济社会的发展做出持续性的贡献。

第四节　乡村旅游品牌塑造的案例分析

IMC 即整合营销传播（Integrated Marketing Communication），是美国学者唐·舒尔茨（Don E. Schultz）等人确立的理论。该理论基于"营销即传播，传播即营销"[1]的基本思想，强调营销过程中的内容传播、关系构建和品牌提升。尤其在当今移动互联网时代，整合营销传播对于文化旅游品牌的融合发展具有深刻启迪。成渝地区双城经济圈建设是国家领导人亲自谋划、亲自部署、亲自推动的国家重大区域发展战略。推动成渝地区双城经济圈建设，有利于在西部形成高质量发展的重要增长极，打造内陆开放战略高地，对于推动高质量发展具有重要意义。新时期，推动成渝地区双城经济圈建设的"川渝合作"与推进文化和旅游融合发展的国家战略，合力汇聚，共同为巴蜀文旅品牌营销传播带来转型思路与发展契机。这一主题也成为社会科学界关注的焦点，"推动成渝地区协同打造巴蜀文化旅游走廊研究"和"推进川渝文旅产业一体化发展研究"等成为2020年重庆市社会科学规划研究的重点选题。

一、相关研究与价值分析

广义的"巴蜀文化"是指包括"四川省"与"重庆市"两省市及邻近地域在内的、以历史悠久的巴文化和蜀文化为主体的，包括地域内各少数民族文化在内的、由古至今的地区文化的总汇。关于"巴蜀文化"和"川渝地区旅游资源"的研究由来已久，成果颇丰。随着我国改革开放事业的推进和社会主义市场经济体制的确立，关于"巴蜀文化品牌"和"川渝旅游发展"的研究在文化品牌兴起背景中开始出现，如《巴蜀文化现代化刍议》等。也有

---

① 欧阳友权、刘纯：《论文化产业品牌价值的社会权力》，《文化艺术研究》2008年第11期。

部分学者基于"文旅融合"思想进行了有关"巴蜀（川渝）文化旅游品牌"的研究，如《巴文化与旅游发展》等，但数量不多。重庆直辖、川渝行政区划调整后，关于"巴蜀文旅品牌"的研究开始呈现"分割化"特点，即形成了以"蜀（四川）文化（旅游）品牌"和"巴（重庆）文化（旅游）品牌"为中心的各自研究风格，如《现代传播体系下蜀文化品牌传播现状探究》。不少学者研究"巴蜀文化（旅游）品牌"时，更加侧重对"蜀（四川）文化（旅游）品牌"的研究，如《四川文化产业经济空间拓展探究——弘扬巴蜀文化，推动四川文化走出去方式研究》。当然，这一现象也可能说明"蜀（四川）文化（旅游）品牌"的研究相对更为丰富多样。

通过对相关研究的统计分析我们发现，一方面，相关研究文献较为丰富，能为川渝合作背景下的巴蜀文旅融合发展研究提供文献参考基础。另一方面，已有研究缺少从"文旅融合""川渝合作""整合营销传播"角度对巴蜀文化品牌传播进行探索。基于川渝互鉴视野下的巴蜀文旅品牌发展研究，在理论层面和应用层面均有较高价值。其理论价值主要表现为：深化文旅品牌传播的理论研究，丰富文旅品牌传播的生动案例；强化"巴蜀文化"作为一种整体特色地域文化的完整性，避免川渝割裂研究的倾向；拓宽文旅品牌传播的研究视野——从传播学向营销学、心理学的交叉融合发展；促进整合营销传播理论的中国化、本土化和地域特色化。其应用价值主要表现为：契合川渝两地文旅发展的未来发力方向，助力川渝文旅产业一体化发展；解决川渝文旅品牌发展中的重难点问题，助力推动成渝地区协同打造巴蜀文化旅游走廊；为当前和未来川渝联手打造成渝地区双城经济圈，发挥巴蜀文旅品牌的社会效益和经济效益，为巴蜀文旅品牌融合发展提出具有指导意义的方法论。

二、研究范畴与重点明确

川渝互鉴视野下的巴蜀文旅品牌融合发展研究，其研究对象是"巴蜀文旅品牌"，应该主要基于川渝两地在巴蜀文旅品牌传播方面各自的特点、特长和优势，提出巴蜀文旅品牌整合营销传播的创新方式。研究内容主体可以包含三个部分。

第一部分：川渝两地对巴蜀文旅品牌传播的现状分析。主要研究四川和重庆在传播四川文旅品牌和重庆文旅品牌方面的基本思路、做法、优点及不足。现状研究主要包括：川渝两地文化旅游政策、川渝两地文化旅游资源情况、川渝两地文化旅游品牌建设情况等。

第二部分：川渝两地值得互鉴的巴蜀文旅品牌传播方式归纳。主要基于现状分析和个案研究，逐步得出川渝两地在巴蜀文旅品牌传播中独具特点、效果显著、值得推广的方法和经验。本部分值得研究的案例主要包括：四川电视节（四川）、"百部看四川"微视工程（四川）、四川省振兴川剧领导小组（四川）、永陵与二十四乐伎（四川）、"晒文化·晒旅游"推介活动（重庆）、"周末游重庆"系列活动（重庆）、武隆影视文化与地质奇观旅游（重庆）、"抖音"助推城市宣传（重庆）、川渝美食文化（四川老字号、重庆老字号）等。

第三部分：川渝共同打造巴蜀文旅品牌整合营销传播方式创新。基于互鉴方式，从品牌印象、品牌关系、品牌接触点、品牌大数据、公共关系等角度，提出巴蜀文旅品牌整合营销传播创新方式。本部分主要基于以下文化旅游项目进行研究：川剧文旅传播（传统剧目与当代舞台艺术精品工程）、川菜与巴蜀餐饮文旅传播（四川名小吃和重庆名小吃）、巴蜀石刻艺术（"乐山大佛—荣县大佛—安岳石刻—大足石刻"走廊）、长江三峡文旅走廊品牌传播。其中，研究重点应该放在川渝两地典型文旅传播个案分析、具有互鉴意义的川渝两地文旅营销传播方式提炼，川渝两地文旅营销传播的有效方式互鉴与移植探究，以及川渝合作开展巴蜀文旅整合营销传播路径创新。

三、创新突破与研究方法

该研究的创新之处主要体现在学术观点和研究方法两个方面。

学术观点方面，该研究提出了"互鉴"的概念，明确了继承和移植川渝两地在文旅品牌传播上各自原有的"独门绝技",体现"移花接木"的创新。

在研究方法方面,该项目注重跨学科研究方法,以新闻传播学、营销管理学和教育心理学三大学科理论的交叉融合体现"推陈出新"的创新。具体而言,一是文献研究法:收集整理有关"巴蜀文化""巴蜀旅游""巴蜀文化品牌"以及四川、重庆两地各文化旅游个案研究的相关著作、论文和新闻报道文献资料,掌握巴蜀文化的主要内容、价值与特征,巴蜀文化品牌建设现状等。二是个案研究法:针对四川电视节(四川)、"百部看四川"微视工程(四川)、四川省振兴川剧领导小组(四川)、"晒文化晒旅游"文旅推介活动(重庆)、"周末游重庆"系列活动(重庆)、"抖音"助推城市宣传(重庆)等文旅品牌传播案例进行研究,总结基本方法和经验。三是跨学科研究法:综合运用新闻传播学、营销管理学、教育心理学等学科理论和方法,助力文旅品牌传播形式和营销方式的创新。

通过对川渝互鉴视野下的巴蜀文旅品牌整合营销传播研究,可形成系列论文和研究报告,为川渝两地政府文化旅游部门、相关市州(区县)文化旅游部门提供决策依据和参考。在川渝合作和建设成渝地区双城经济圈的背景下,川渝联手打造文旅品牌已成为两地文化旅游事业和产业改革发展的必然方向。川渝合作打造巴渝文旅品牌,推动巴渝文旅品牌的有效营销传播,对于推动成渝双城经济区社会经济发展具有重要的应用价值和社会效益。

第六章 乡村旅游产业融合模式

随着时代的发展，我国已经开始新的征程，"三农"工作已经将工作重心转移到了乡村振兴上。对于乡村振兴而言，最基础的就是对产业进行扶持，有了好的产业发展，传统乡村的发展才能更进一步。乡村产业需要对已有的资源进行整合与创新，不断开发新功能、新产品、新业态，为人民的生活提供更好的保障，满足人民生活的多种需求。

第一节　产业融合的概念与方式

一、产业融合的概念

产业融合（Industry Convergence）是指不同产业或同一产业不同行业相互渗透、相互交叉，最终融合为一体，通过相互协作达到高效输出，逐步形成新兴产业的动态发展过程。产业融合已是产业发展的现实选择。社会生产力的进步和产业结构的发展对产业组织形式的革新提出了更高的诉求，这一诉求表现为产业融合。由于技术的革新和产业边界扩展，各产业间的合作关系得到加强；先进技术的不断更新和运用促进了产业结构的快速升级，极大地加快了产业间的相互渗透和融合。产业融合为产业发展提供了更大的发展空间，产业结构的动态化和合理化过程推动其进一步优化和发展。产业融合的驱动力主要来自四种因素：产业内部的驱动力、市场需求的拉动力、技术创新的推动力和产业环境的影响力。

二、乡村旅游产业融合的基本方式

（一）高新技术的渗透融合

高新技术的渗透融合即高新技术及其相关产业向其他产业渗透、融合，并形成新产业的过程。高新技术向传统产业不断渗透，成为提升和引领高新技术产业发展的关键性因素，其产业发展有利于提升传统产业的发展水平，加速传统产业的高技术化。这主要体现在：促进传统产业的高附加值化；推动传统产业推出新品种和新业态；加强传统产业装备现代化。目前，信息技术正在以前所未有的广度和深度渗透到制造业的各个环节中，使制造业的产品和生产过程乃至管理方式发生深刻的甚至是革命性的变化。

（二）产业间的扩展融合

产业间的扩展融合即通过产业间的互补和延伸实现不同产业的融合。它往往发生在高科技产业链自然延伸的部分，通过赋予原有产业新的附加功能和更强的竞争力而形成融合型的产业新体系。这种融合更多地表现为服务业向第一产业和第二产业的延伸和渗透，如第三产业中相关的服务业正加速与第二产业的生产前期研究、生产中期设计和生产后期的信息反馈过程展开全方位的融合。金融、法律、管理、培训、研发、设计、客户服务、技术创新、贮存、运输、批发、广告等服务在第二产业中的比重和作用日益加大，相互之间融合成不分彼此的新兴产业体系，如工业旅游、休闲农业和农业旅游等。

（三）产业内部的重组融合

通过重组融合而产生的产品或服务，往往是不同于原有产品或服务的新型产品或服务。例如，第一产业内部的种植业、养殖业、畜牧业等子产业之间以生物技术基础为融合，通过生物链重新整合，形成生态农业等新兴产业形态。在信息技术高度发展的今天，重组融合更多表现为以信息技术为纽带的、产业链的上下游产业的重组融合，融合后生产的新产品表现出数字化、智能化和网络化的发展趋势，如模糊智能洗衣机、绿色家电的出现就是重组融合的重要成果。

第二节　乡村旅游产业融合的思路

一、乡村旅游产业融合的基本构想

（一）乡村直播电商

在农业经济发展阶段，只有实现农业生产的现代化和科学化，才能进一步体现乡村经济的发展优势，从而实现社会的全面小康。通过建立有效的电子商务平台，能够进一步优化农业的生产链条，减少中间的流通环节，全面提升农业经济的生产效益。从当前的规划发展战略来看，在乡村振兴的道路可以结合电商的发展模式，实现产业的发展一体化，建立绿色的农业经济渠道，进一步促进偏远山区的经济发展，从而实现农业经济的全面转型。直播电商在农业经济应用过程中形成的效果良莠不一，因而要进行农业经济的产业优化。

1.乡村直播电商的主要类型

（1）乡村直播电商的平台类型

当前，直播电商影响着乡村经济的发展，全国大量的农民跟随自媒体的潮流开展直播电商活动，在各大直播平台上进行农产品的销售。乡村电商直播的平台要求不高，只要有一台手机就能够移动操作，这种简单的操作模式满足了农户的直播商业需求。根据相关调查得出，2022年全国直播电商的平台主要集中在快手、抖音和淘宝。

（2）乡村直播电商主体类型

随着社会经济的快速发展，社会越来越关注直播电商，乡村直播电商也成为农产品买卖的主要方式。由于直播平台的要求不高，它全面满足了农户农产品销售的需要。就当前而言，各大直播平台都在开展电商直播，达人数量也越来越多，他们的带货能力不同，效果也参差不齐；以年龄作为划分节点，直播达人的年龄差别较大。大部分直播平台有大量的乡村直播人员，如地方的种植户通常采取比较直接的方式来进行农产品的销售。在开展直播活动时，一些区域会邀请网红直播带货。名人带货创造了全新的销售业绩，影响直播销售领域，越来越多的明星加入直播带货活动中，甚至有一些地方的官员也在全面参与，为地方的农产品代言。相关调查显示，随着淘宝直播活动的开展，超过一半的商家获得了利益增长，使越来越多的直播达人看到了农产品销售的价值，全面加入了农产品的直播活动中。

（3）乡村直播电商产品类型

乡村直播电商活动加快了传统农业的转型，满足了互联网经济的发展需要，实现了农业转型的快速发展。随着直播的发展，农产品的销售方向有了全面转型，促进了农产品销售的品牌化。一些地区也在进行优质产品的销售，建立了全新的农业文化。

2.直播电商助力乡村旅游产业融合的现状

近年来，随着直播电商的快速发展，农业经济借助电商平台优势，实现了线上线下经济的有效融合，满足了农业经济的发展要求，促进了产业的全面经济转型，提升了农业经济的应用价值。例如，在一些电商平台，通过直播形成更加动态化的营销环境。对于乡村经济来说，在乡村振兴环节中要结合战略的发展要求，不断加强直播经济的建设，进一步丰富农民的收入渠道。然而，从当前的营销数据来看，存在诸多发展问题，影响了直播电商的效果，不利于农业经济的整体建设。

（1）产品内容同质化

在农业经济营销活动中，一些农户为了获得更多的利益价值，在电商直播平台中过于关注眼球经济，希望能够引导客户下单购买。例如，夸大了产品的功能，用户在收到产品之后，发现产品和想象的不一样，从而产生了大量的投诉问题。对于一些优秀的农业商户而言，受到大环境的影响，存在不公平的竞争现象。除此之外，乡村农产品的同质化现象严重，在开展农产品营销活动中没有针对性地进行产品销售，使文案的介绍内容差别不大，形成的营销模式相对传统，不利于农业经济的创新发展。

（2）乡村本土主播专业技能不足

随着直播产业的快速发展，产生了大量的网红经济，这也改变了农产品的发展方向，进一步实现了农业经济的快速转型，全面满足了社会经济的发展需要。大部分农业产品在直播营销活动中都沿着网红经济的模式开展，形成的明星效应不尽如人意。例如，明星在直播带货的过程中，对于消费者而言，它存在一定的可信度，从而让消费者能够放心购买，进一步促进了农业经济的进步。然而从带货的视角来分析，明星带货仍然存在诸多问题，因为随着农业经济的发展，明星不只在一个平台上直播，需要投入大量的时间和精力，带货的效率就相对偏低；同时，明星的聘用费用相对较高，增加了农产品的带货成本。对此，一些乡村在直播平台建设中会加强地方主播的培养，进一步减少资金的投入，满足了本土化的发展要求。大部分乡村人口的劳动能力相对较低，形成的素质水平相对不高，由于他们没有接受规范化的培训，并不具备专业的工作技能。例如，在产品展示阶段，不能全面体现产品的特征，根据不同消费者的使用情况，没有形成针对性的解决策略，加上乡村主播缺乏一定的专业能力，无法形成高效的直播效果。

3.直播电商助力乡村旅游产业融合的对策

（1）打造特色品牌

在农产品营销阶段，企业在市场活动中想要占据市场的主导地位，全面提升产品的整体质量，就需让用户对产品形成一定的信赖，建立品牌忠诚度。从农产品角度来说，要加强质量的管理，确保产品在每一个生产阶段都满足安全生产的基本要求，通过安全制度体现产品品牌建设的规范化。从产品的角度来说，要建立农产品的市场品牌，进一步提升产品的美誉度。从直播电商角度来说，要加强农产品的市场定位，解决消费者的使用痛点，满足消费者的市场消费需要。

在电商直播阶段，要加强与消费者的互动，全面体现产品的应用特征，通过全方位的营销，进一步提升产品的市场价值。

（2）打造"人、货、场"服务体系

在农业经济发展阶段，想要全面提升直播电商的应用价值，就要构建多区域的发展优势，结合人的发展特征，获得市场属性，进一步加强对市场的有效对接，让用户在消费阶段获得产品的消费价值。如此一来，消费者在购买阶段能够通过有效的体验满足自身的产品需求。所以，要加强产品和市场的对接，通过直播带货的形式进一步体现产品销售的市场价值。

要加强对直播电商平台的管理，确保货物的正常销售，避免虚假广告的产生，保证产品的供应效率，进一步提升农业经济的发展价值。在传统的营销工作中，主要以产品为中心，平台作为产品的销售载体，只满足人们的浏览需求，没有形成有效的营销价值。电商直播作为全新的营销工作模式，结合了产品的发展特征，根据用户的消费痛点，通过网络平台的整体营销，进一步实现了销售和货物的直接对接，让产品形成了一定的交互价值。例如，在电商平台中，可以通过数据的相关应用了解不同阶段的直播状况，及时掌握消费者的消费行为。在后期的直播阶段，可以通过对销售数据的有效分析，及时掌握市场的规律。这样一来，产品在整个销售阶段可以根据消费者的消费情况加强营销工作的针对性和科学性。在直播平台中，可以通过产品和用户之间的互动来实现产品的高效宣传。

（3）整合多元渠道

在当前的市场经济环境下，电商平台的市场价值越来越大，它改变了传统的营销模式，实现了产品销售的高效化。从生产的角度而言，电商平台能够促进农业经济的高效发展，它使产品在与用户对接过程中能够满足不同城市的市场发展需求，实现线上线下经济的有效融合。在农业经济发展过程中，可以结合产品的不同属性建立真实的消费体验，通过产品的多维度推广进一步扩大产品的销售渠道，实现农产品销售的公平化和科学化。

（二）创新投融资

1.乡村旅游产业融合中投融资的现状

在推进乡村振兴战略中，着力发展特色产业是关键，要有序地获得

"人、钱、地"等要素的集聚与支撑，就必须对投融资模式展开分析。深入到部分乡村产业项目中展开实地调研，对其当前的投融资现状展开分析。

（1）基础设施建设加快，推进乡村旅游产业融合发展

长期以来，我国城乡经济发展差距较大，究其原因主要是乡村基建投资不足，基础设施建设相对滞后，由此严重影响了乡村经济的发展。近年来，乡村地区基建投资加快，乡村居住与生态环境得到有效改善。

（2）乡村产业投融资供给瓶颈长期存在

长期以来，在发展乡村产业项目中依旧面临着投融资渠道狭窄、资金获取不足的矛盾，究其原因如下。

一是资金来源单一。目前，许多产业项目的投融资资金主要依靠政府统筹引导，社会资本参与，村集体、农户自筹，但资金来源单一，尤其是社会资金参与较少。部分乡村产业在发展前期，面临着没有现金流收入、经营风险较大、市场化运作不灵活等问题，由此社会资本参与的意愿较弱。

二是市场主体参与较少。许多乡村产业项目的投资周期较长，特别是涉及一些种植、养殖项目，需要三年、五年才能挂果，进入投资回收期，可能面临着诸多不确定性风险，由此市场参与的主体较少。在向银行申请信贷资金时，在质押物方面难以满足相应的借贷条件，导致融资困难。

三是资产资源盘活不足。在发展乡村产业项目进程中，耕地、林地、农房等存在分散或闲置等情况，但由于盘活不足，无法创造经济效益，也难以获得融资支持，无法为推进乡村旅游产业融合提供条件。特别是随着城镇化加快，许多乡村居民涌入城市中，部分产业项目在推进过程中缺少人力支持，亦难以吸引高端人才。

四是产业项目缺乏市场化运作。部分产业项目在推进过程中，由于规模较小，管理人员观念陈旧，缺乏市场化的运作机制，导致没有全面地打通整个产业链，无法有序地实现农户增产增收。由此，不仅难以扩大规模，获得投融资支持，甚至使农户丧失信心。从市场化运作来看，由于缺乏资金支持，规模较小，资金供给渠道不畅，在经营规模的创新方面不足，使项目难以落地。

整体而言，在发展乡村产业项目过程中，能够获得的投融资渠道非常有限，导致很多产业项目在推进过程中因为缺乏资金而难以发展，亦导致特色

产业荒废或是经营规模较小，无法形成地区品牌。尤其是在发展特色农业过程中，缺乏乡村产业项目支持，导致规模较小，在销售渠道、市场开拓方面受到一定的限制，甚至导致滞销情况存在，严重打击了农户生产种植的积极性，无法实现农户增产增收。

2.乡村旅游产业融合创新投融资模式的路径

为了有序推进城乡经济协调发展，尤其是引导要素资源向乡村地区集聚，繁荣乡村经济，提升农村居民生活水平，乡村振兴战略由此提出。在拓展投融资模式、吸引要素资源向乡村产业集聚过程中，必须整合现有资源，培育多元化市场主体。结合乡村地区经济发展实际、资源禀赋优势等，以良好的政策环境为依托，创新探索新发展模式。

（1）坚持政府主导统筹作用，构建多主体联接模式

在有序推进乡村旅游产业融合的背景下，要因地制宜，立足于区域经济发展特色，构建多种利益联结方式。

一是项目深度整合。结合乡村发展实际，有序地推进特色经济、成片经济，通过加强基础设施的建设，如道路、物流体系等，营造良好的投资环境。发挥地方龙头企业的带动作用，依托于种植、养殖等，发展特色经济，如绿色蔬菜、绿色养殖等。在整体规划中，前期要进行深度调研，充分发挥乡村资源禀赋要素优势，结合当地农户生产经验，统筹整合项目，推进产业化发展。

二是参与主体多元化。在发展乡村经济中，地方国有企业具有重要地位，更是充当着"先锋军"的作用，统筹进行投融资、运营、建设等。与此同时，要充分发挥农户的"主人翁"意识，联合当地龙头企业构建"基地+农户+多主体"的模式，推进"农民变农工"的形式，使农户参与乡村产业项目建设，稳定农户家庭收入。积极与龙头企业、村集体建立联系，实现土地流转，成片化建设产业项目，充分发挥规模效应，推进现代农业生产发展，使土地资源变为资产。同时，由龙头企业统筹协调，提供技术支持，统一运作，拓宽市场，确保农产品生产后的销售渠道畅通，有效控制实施风险。通过构建多主体联结模式，吸引龙头企业在乡村地区扩大投资，帮助农户、农田带来增值收益，并结合特色农产品不断延伸产业链，发展深加工产

业，创造价值收益。

三是坚持政府的主导统筹作用。在推进多主体联结模式过程中，政府加强与金融机构的联系，通过举办银企对接会等形式，帮助乡村振兴产业获得融资支持，提升项目的可持续经营。政府发挥统筹协调作用，统筹多主体投融资模式的建立与协调，将农户、村集体、龙头企业紧密联系，构建利益共同体。政府统筹乡村地区的农田、荒地等，在进行整理与开荒过程中，按照相关制度给予补贴，提升耕地储备指标，也能够有序地为发展乡村特色产业创造有利条件。

（2）构建"互联网+PPP"模式

在发展乡村现代化农业过程中，构建绿色、田园、高标准的建设体系，要引入"互联网+PPP"模式，吸取成功的经验，促进全产业链的建设与打造，从而为农产品"从田间到餐桌"打造一体化的运作流程，减少实际执行过程中的潜在风险源。

一是结合产业项目的特征，在乡村区域实现成片种植与生产，发挥规模经济与集约化效应，充分利用乡村资源禀赋。结合地方政府的产业项目引领计划，确定项目的属性，如公益性、准公益性，设计整体投资与运营模式，多维度地吸引社会资金的介入。运用"互联网+"充分获得信息资源，提高项目的知名度，打造线上物流交易平台，畅通农产品流转体系。

二是政府政策给予充分支持，有序推进各类资源要素的集聚与整合。着力探索投融资机制，充分利用优惠政策，帮助项目有序运营，如贷款贴息、投资补助等。加强乡村水、电、气、通信等基础项目建设，为产业项目的有序运营奠定良好基础。在运营过程中，通过构建"运营+补贴+付费"模式，有序地实现项目的现金流综合平衡。将重点资源与精力聚焦于投资运营中，吸引社会资本、项目资本的介入，对经营过程进行动态跟踪与适度扶持。在项目投资前期，提供技术指导、基础设施建设支持等，满足成本回收与合理回报的需求。在项目后期，利用市场化运作，优化产品结构，提升产品附加值及产业链延伸，参与市场竞争。

（3）"特许经营+股权合作"模式

从乡村旅游产业融合发展视角来看，部分项目经营要求较高，可由政府部门主导，赋予特许经营权，对运营过程中的现金流进行协调与综合平衡。

例如，针对本地的一些工业项目，引入市场化运作经验，有助于增强项目的自身造血机能。在产业项目推进过程中，明确其是否具有公益属性，政府协调投融资主体积极参与。在运作前期，给予一定的专项补贴，如场地建设、利息补贴、税收优惠等，在进行融资过程中科学设计方案实施时间错配，以避免项目短期承受较大偿还压力，给运营造成限制。吸引社会资本股权合作，通过政府主导调配现金流，在进行项目运作过程中，可采用"市场性+公益性"相结合的组合方式，通过"特许经营+股权合作"模式，在市场化运作获取收益后，约定用于公益性项目还款，从而有序地推进乡村产业项目振兴，繁荣并激活乡村特色经济。

（4）"龙头企业+特色小镇"模式

结合乡村资源禀赋要素集聚，如旅游资源、特色农业、特色产业等，对乡村进行统一规划建设，吸引地方龙头企业积极参与，推进特色小镇园区的建设工作。由政府发挥主导作用，统筹协调成立项目组，建设中期紧紧围绕小镇或园区的定位，构建完整的供应链体系，吸引更多的企业入驻小镇或园区，发挥规模效应，打造现代农业产业园。引入专业机构进行招商引资，配备相应的公共服务体系、冷链物流、交易平台等，从而促进整体效益的最大化。结合资源禀赋，政府统筹协调，提供产业孵化服务，有效引领乡村产业持续发展。通过推行"龙头企业+特色小镇"模式，有助于繁荣乡村经济，吸引本地企业参与乡村经济建设与发展过程中，立足于本地经济发展实际，优化产业结构，也能够吸引乡村居民留在本地从事服务工作，共同推进乡村旅游产业融合。

（5）创新金融服务模式

在推进乡村旅游产业融合过程中，由政府发挥主导作用，加强金融机构、保险机构等与产业项目的有效对接，创新金融服务模式，为产业项目提供多维度的投融资支持。

一是融资租赁服务。在推进乡村旅游产业融合过程中，要发展农业种植业，需要大型农具、生产设备等，产业项目前期投资压力较大，由机械设备生产企业与商业银行合作，推出融资租赁创新模式，能够有效地缓解项目设备采购的资金压力。

二是"两权"质押融资。金融机构要创新贷款业务，针对乡村产业项目发展实际，推出多维度的融资模式。同时，政府机构要构建完整的闭环交易登记平台，使"两权"质押融资能够得到有效实现，为产业项目的发展提供投融资支持。

三是构建农业产业链融资。在发展现代农业经济过程中，结合本地特色农业，构建"种植（养殖）+保险+贷款"的产业发展模式，农户将土地流转给龙头企业获取地租收入，参与生产经营过程中获取工资性收益，生产出来的产品由龙头企业进行销售并购买保险，以防范因极端天气而造成的损失。龙头企业通过产业化、规模化运作项目，向银行申请信贷资金，使用土地进行抵押，从而构建全产业链的合作发展模式，促进乡村产业项目的振兴。

实施乡村振兴战略是有效破解我国城乡发展不均衡矛盾的有效路径。乡村地区在推进产业融合、特色城镇建设、现代化农业发展过程中，必须引导资本投向乡村地区，从而实现资源要素的集聚，有序推进乡村旅游产业融合发展，优化结构，激活经济。结合我国乡村产业项目发展进程中所面临的投融资困境，创新性地提出构建多主体联结模式、"互联网+PPP"模式、"特许经营+股权合作"模式、"龙头企业+特色小镇"模式、创新金融服务模式，为乡村产业项目发展提供投融资的新思路、新理念，着力促进乡村旅游产业融合。

二、生态旅游产业与大健康产业的融合发展

乡村振兴战略的实施不仅能推动我国新农村的现代化建设，同时也能助力乡村经济实现高效发展。为了更好地落实乡村经济发展的计划及目标，使当前乡村经济的发展与人民需求相契合，就必须进一步拓展乡村经济发展的业态形式，加大生态旅游产业和大健康产业的投入力度，在实现二者有机融合的基础上，为乡村经济的发展创造更多原动力。探索乡村振兴战略背景下生态旅游产业和大健康产业的融合发展策略，具有极强的理论和现实意义。

我国地域广博、资源丰富，部分乡村与森林公园、湿地、湖泊等天然资

源景观相邻。在这些区域，乡村经济的发展对这些天然的景观及环境进行了合理应用，如某乡村周边构建了森林养生基地和相关养生度假区，还根据地域特色推出了太极养生、温泉疗养以及文化养生馆，甚至推出了相应的旅游文化产品，这些产品不仅仅与当下旅游者的个性化需求相契合，同时也能休养旅游者的身心，刺激当地旅游业的发展，进而推动乡村振兴。

我国已开始在乡村生态旅游产业与大健康产业的融合工作中投入大量人力、物力、财力，但二者的融合仍处于初始探索阶段，发展模式也在不断丰富，其中还涉及资源的优化整合和市场的交融，二者融合所带来的功能叠加和高新技术的渗透应用也需引起各行业关注。但从整体角度出发，当下大健康产业与乡村生态旅游产业的融合发展尚未深入，产业之间的联动力度不足，联动方式也相对单一，产业之间的整体融合度仍有待提升。

（一）乡村生态旅游产业与大健康产业融合中的具体问题

1.相关政策可操作性不强，资金投入力度不足

当下，乡村生态旅游产业与大健康产业的融合已具有相对稳定的市场环境，与其相关的各项政策也接连出台，这说明大健康旅游产业的发展已引起政府及相关部门的高度重视。另外，不少地方政府在借助政策优势的基础上，为乡村生态旅游产业和大健康产业的融合发展奠定了良好基础。但这些出台的政策整体可操作性并不强，相关政策的出台虽在一定程度上给予了乡村生态旅游产业和大健康产业相应的发展指导，规范了产业发展过程中的各项标准，但并未制定相对应的实施方案，也无法对相应企业的空间布局进行引导。

与此同时，康养旅游产品的创新研发以及推出都需要大量的资金投入和支持，乡村生态旅游产业和大健康产业的推进也依托于完善的公共基础服务设施。但就目前形势来看，我国并未针对生态康养旅游业设置相对应的财政资金，专项资金的缺乏导致产业发展资金投入、公共基础服务设施建设难以适应产业发展需求，康养旅游产品的创新研发速度过于缓慢，这也在一定程度上阻碍了生态康养旅游产业的高速发展。

2.企业整合及创新能力有待提升

推动乡村生态旅游产业和大健康产业的融合发展，落实生态康养旅游项目，是推动乡村经济快速发展的重要途径，而生态康养旅游项目又隶属于中高端旅游产品行业，在该项目发展过程中，仅仅依靠当地村民的力量，其发展速度往往过于缓慢。因此，当地政府必须充分发挥自身引导及支持作用，在积极参与生态康养旅游产品的研发创新和生产过程中，相关旅游企业也需充分挖掘自身的优势，推动乡村生态旅游产业和大健康产业的高度融合，为产业基础设施的完善提供助力。

与此同时，相关企业的整合创新能力也将直接影响到生态康养旅游项目的发展状态以及产业融合的水平，若企业整合创新能力较强，产业融合的步调将得到有效推动，更多创新型旅游产品的研发生产也将更为便利。但若企业自身整合、创新能力不足，产业间的高效融合便会面临制约和阻碍。简言之，企业是否具备优秀的创新及整合能力直接决定着产业融入新产品的具体质量。但目前，我国同时具备优秀整合创新能力的相关企业并不多，这也为生态旅游业和大健康产业的深度融合带来了一定负面影响。

3.专业人才素质不高

在乡村生态旅游产业和大健康产业融合发展过程中，专业的高素质复合型人才也将对产业的融合深度产生影响。随着乡村振兴战略的提出，推动乡村经济的高效发展已成为大势所趋，在乡村生态旅游产业和大健康产业融合过程中，也需加大高素质专业人才的培养，但就目前形势来看，相关专业人才的综合素养以及专业能力仍有待加强。

致力于产业融合发展的人才不仅要拥有较为全面的旅游管理知识，同时也需充分掌握健康养生方面的知识内容。

首先，我国服务行业的发展和人才的培养并未形成优势结合，相关专业人才的培养体系仍有待完善，学校和企业之间也未达成高效沟通和对接，以至于院校设置的相应课程和构建的人才培养体系难以满足相关企业对人才提出的要求，校企合作的深度和力度仍有待加强。

其次，部分高校在培养人才的过程中，仅将目光聚焦于理论知识的教学，对学生实践能力的培养和锻炼并不重视，开展的校外实践教育活动较少。在此基础上，学生逐渐成了理论知识方面的巨人，但实践能力有待提升。

最后，在人才引进和招聘方面，乡村生态旅游行业及大健康产业对人才的吸引力度不足，以至于行业人才储备不丰富，人才资源的分配也有待优化。

4.大健康产业品牌优势不足

作为乡村振兴的重要内容和关键支柱，旅游业的发展情况直接影响着乡村经济的发展水平。但从近年来全国乡村生态旅游发展现状来看，我国大部分乡村区域仍未形成中高端的乡村旅游产业发展模式，所推出的旅游产品以及健康旅游服务有待完善。部分区域的乡村旅游均由村民自发组织，导致旅游产业的发展过于散漫，旅游线路以及整个旅程缺乏科学合理的规划，更未形成具有代表性的乡村旅游品牌和龙头企业，旅游精品的缺乏也导致区域乡村旅游产业发展失去特色。再加上各乡镇未对区域旅游资源进行优势整合及创新，以致其发展速度过于缓慢，产业发展的优势无法凸显。在发展乡村健康旅游，推动乡村旅游经济和大健康产业融合过程中，不仅要高度关注游客的体验，同时也要注意品牌的构建。相关旅游企业更需立足于康旅融合的切入点和游客需求，在构建优势型康养旅游品牌的同时，展现区域旅游产业和大健康产业的发展特色。

（二）推动乡村生态旅游产业和大健康产业融合发展的优化策略

1.加强政府引导，完善健康旅游发展规划

为推动乡村生态旅游产业和大健康产业的高效融合发展，当地政府必须充分明确自身职能，发挥自身在产业融合中的主导和支持作用，对乡村健康旅游发展规划进行完善。

首先，充分落实国家以及省市对于乡村振兴规划的政策和措施，并加大产业融合发展相关政策措施的执行力度。

其次，需对本区域内的自然文化资源以及产业结构特征进行综合考量，

并在此基础上制定与当地生态健康旅游产业发展更相宜的政策措施，为产业融合发展的招商引资、税收优惠以及土地规划工作提供更多便利。与此同时，相关部门还需云集各方面的积极力量，形成由政府部门为主导，各部门协同合作，社会各机构积极参与的工业发展新格局。此外，相关部门需要立足于生态文明角度，对区域内的各类自然旅游资源和文化资源进行深入调查和科学评估，在遵循低碳、健康、环保发展原则的基础上，对区域内的各类资源进行全面整合、落实并统筹规划，在促进产业融合发展的同时彰显地方特色，针对区域的不同特征打造更具个性化的旅游品牌，向市场推出更具针对性和更为独特的旅游产品，为产业的长效可持续性发展打下坚实有力的基础。

最后，进一步加大政府引导的力度，在发挥政府引导作用的基础上，将乡村生态旅游产业、大健康产业纳入乡村振兴战略的主要支柱型产业行列。聚焦于资金投入、项目建设、人才培养、营销以及品牌构建等角度，对乡村生态旅游产业和大健康产业进行大力扶持。在此过程中，还需根据区域的资源特征以及区位条件，在综合分析市场需求的同时，落实行业发展的监督监管。

2.完善产业发展基础设施，增加经济成本投入

现阶段，我国大部分区域的生态健康旅游景点在基础设施建设方面都有待完善，产业发展基础设施建设不健全，旅游管理不到位的现象也较为常见。在完善产业发展基础设施过程中，需投入大量的人力资源、物力资源以及财力资源。在此基础上，相关部门以及旅游企业必须增加乡村旅游产业以及大健康产业的经济成本投入，为乡村经济的发展奠定良好基础。将国家财政投入优先应用于乡村健康旅游景点的建设，在此过程中必须对投资规模进行合理调整，对投资结构进行充分优化，为乡村经济的发展提供充足的扶持力量。

3.加大人才培养，为生态康养旅游产业增添人才动力

在推动乡村生态旅游产业和大健康产业融合发展过程中，必须对人才的培养高度重视。相关人才培养机构应充分认知自身的职能，发挥自身作用，采取行之有效的措施，为社会和企业培养更具针对性的专业人才。乡村生态旅游产业和大健康产业的融合发展离不开大量高素质复合型人才的助力，此类人才不仅要具有丰富的生态旅游以及康养理论知识，同时还需具备相应的管理运营能力以及实践能力。

在全方位分析当下社会需求的基础上，各大高校必须积极转变自身观念，更新人才培养模式，高度重视学生的职业素质以及专业能力培养。此外，高校还必须加大自身与企业之间的合作，通过校企合作等形式为学生提供更多的实践锻炼平台，让学生对自身能力形成正确认知，从而弥补自身不足，提高学生的实践水平。相关人才培养机构也应根据学生特性，制订更为科学的分层培养战略计划。普通高校应将目光聚焦于康养旅游专业知识人才及管理人才的培养培育，相关社会培训机构及高职院校则可加大专业技术型人才的培养。

4.精准定位康养融合落脚点，打造旅游精品

在推动乡村生态旅游产业与大健康产业融合发展过程中，必须对康养产业融合点进行精准定位，在此基础上打造生态康养旅游特色产品，进一步丰富游客的康养旅游体验，为其提供各类优质的旅游服务。与此同时，相关单位还需对乡村特色的旅游资源进行优势整合，构建森林生态及养生旅游为一体的营销板块，形成更全面、完善的健康旅游产品体系，对乡村区域特定资源进行全面开发挖掘，进而培育出更具乡村特色及品质的康养旅游产品，让游客及消费者在乡村生态旅游地吃、住、行、游、购、娱等环节，都拥有最佳的服务体验，充分保障乡村生态旅游及大健康产业融合的协调性，提高乡村生态旅游特色产品的知名度、认可度及美誉度，创建乡村生态康养旅游品牌及标志名片。与此同时，相关单位还可利用新媒体等渠道，丰富乡村生态康养旅游路线及产品的营销宣传，加大产品路线推广力度，借助事件营销、互动营销以及情感营销等方式，让消费者对乡村康养旅游品牌形成更充分的了解及更深入的认知。

第三节　乡村旅游产业融合的案例分析

一、宣汉打造竹康养旅游业带动竹产业高质量发展

位于四川东北部、大巴山南麓、川渝陕接合部的宣汉县，有林地面积357.2万亩，其中森林面积308.2万亩，森林蓄积14498805.3立方米。全县公益林面积128.5万亩，商品林面积178.8万亩，森林覆盖率达到60%以上。全县拥有竹类植物11属38种，主要品种有慈竹、楠竹、白夹竹、木竹等，优良乡土竹种资源较为丰富，现有竹林1.87万亩，20世纪60年代初就建成了1个以竹林为主的峨城山国有林场。2019年，大径级竹57558根，小杂竹1148.42吨；竹材以销售原材料为主，竹材销售收入74.55万元，竹制品产值63.6万元。木竹家具1450.35万元，造纸制品89万元；竹笋笋干产量171.28吨，产值1717.5万元。

党的十八大以来，宣汉县始终秉持"绿水青山就是金山银山"的发展理念，遵照习近平总书记"要因地制宜发展竹产业，让竹林成为四川美丽乡村的一道风景线"的重要指示精神，认真贯彻落实四川省委省政府、达州市委、市政府的安排部署，充分挖掘和发挥县域内竹资源优势，全力推动巴山笋竹、文旅康养的竹产业名片建设，以优质竹林基地为依托，大力发展竹康养旅游业推进绿色发展，已成为助力脱贫攻坚、促进乡村振兴的重要支柱产业之一。

（一）注重资源培育，努力打造现代竹林基地

2018年以来，通过新造竹林与现有竹林基地质量精准改造提升，累计完成竹产业基地培育11950亩，其中新造竹林基地1450亩，抚育改造竹林基地10500亩。其中：2018年，投资近500万元在巴山大峡谷景区渡口、漆树、白马等乡镇营造竹景观林950亩，共栽植楠竹、斑竹、慈竹、方竹10万余株；2019年，利用省级财政乡村振兴转移支付资金350万元，在全县4个乡镇和两个国有林场完成竹林新造林500亩，楠竹、白夹竹抚育6500亩；

2020—2022年，峨城竹海景区完成楠竹、白夹竹抚育2250亩。

（二）注重组织领导，高质量编制竹产业园区规划

2020年，宣汉县委县政府出台了《关于推进竹产业高质量发展建设美丽乡村竹林风景线的实施意见》，建立了宣汉县竹产业高质量发展工作领导小组，落实了工作专班，明确了将竹产业发展作为乡村振兴和推动全域旅游的重要工作来抓。各竹产业重点乡镇要建立健全竹产业发展工作协调机制，将竹产业发展纳入地方经济发展、脱贫攻坚和乡村振兴规划统筹安排中，制定竹产业高质量发展规划，列出项目清单和建设进度，抓好抓实竹产业发展。

（三）重特色挖掘，大力发展竹林康养旅游

因宣汉地处川东北边缘，发展竹加工不具优势，为此县委县政府对全县竹产业发展定位主要依托宣汉国家森林公园峨城竹海景区、巴山大峡谷景区建成景观独特、配套完备的竹生态康养旅游区。峨城竹海景区有着"翠、秀、奇、幽"的特色，主要以万余亩竹林景观为主，素有川东第一竹海之美誉。既有雪松、白果树、鹅掌楸、香樟、锦鸡、刺猬、麂子等野生动植物资源，还有历史悠久的佛教古庙遗迹峨城庙，幽静的竹林仙居，清澈如镜的峨城湖，飞流直下的听瀑洞等壮观的自然景观。县级财政重点对竹景区内基础设施进行投入，竹区外联道路结合有关农村基础设施项目统筹实施，扩建优化了县城通往景区西门进入道路和景区内部道路建设，形成峨城竹海旅游环线。竹林培育纳入林业、产业扶贫等项目支持范畴，配套灌溉设施纳入农田水利建设补助范围。

（四）打造精品区，峨城竹海康养旅游初见成效

近几年来，宣汉县委、县政府先后注资上亿元打造完善了竹林旅游基础设施及服务设施，积极打造竹康养生态旅游。全县共完成竹区公路建设35.3

公里，竹区生产便道11.6公里。先后打通了峨城竹海至天生、峨城竹海至东乡镇大梁村、峨城竹海至芭蕉镇三条竹区外联道路，建成竹区内部公路4条。新建灌溉消防池4口，蓄水量近31000立方米。建成景区大门2座，生态停车场3个，面积达4000平方米，竹文化广场2000平方米，健身广场400平方米，游客接待中心1000平方米，宾馆1850平方米，竹艺馆200平方米，三星级公厕3座，游人步道4公里，竹楼仙居4座。峨城竹海景区已成功创建为国家4A级旅游景区，宣汉县天生镇的峨城山露营山庄已成功争创省级竹林人家，宣汉峨城山国有林场已认定为达州市第一批市级竹林康养基地，宣汉县峨城山康养中心已认定为达州市第一批市级竹林人家。每年吸引了省内外游客多达10万余人次前来休闲避暑、赏雪，实现综合旅游收入200余万元。带动了景区周边乡镇竹农20余户发展竹康养旅游业，帮助150余人就业，为贫困群众脱贫增收致富。

宣汉国家森林公园峨城竹海景区位于达州市宣汉县东南部，距县城20公里、达州市40公里、达万高速公路宣汉站30公里，面积1.52万亩，森林覆盖率达91.94%，海拔450—1245米。"观云山雾海，景色奇妙；听月下松涛，空谷回荡；山中观日，奇景顿生；雨打竹林，脆声如琴"是四季漫步在景区中与众不同的独特感受；"天然去雕饰、美景出自然""春赏绿意、夏纳清凉、秋看红叶、冬观雪景"的四季景观，形成了一幅壮美的诗画，是川东北休闲度假、竹林康养旅游胜地。

二、重庆西来村玫瑰岛生态旅游建设路径

党的十九大报告第一次明确提出乡村振兴战略，而农村生态旅游成为乡村振兴事业的重要一部分，给乡村振兴带来了新动力。一方面，新农村振兴战略为中国农村生态旅游的发展提供了主要方向、战略支持和整体规划目标；另一方面，乡村旅游的发展不仅有利于转变乡村经济发展方式，而且具有极大的社会效益和生态效益。二者紧密相关，相互制约又相互促进。

重庆市铜梁区西来村玫瑰岛的发展体系是铜梁区"五治五力"——政治、

自治、法治、德治和智治相结合的乡村治理体系，实施以政治引领力、自治原动力、德治促进力、智治支撑力为主要力量。玫瑰岛整合了本地自然资源与人文条件，将发展乡村观光旅游作为村庄经济振兴的主要方法，并坚持以生态建设为基础，促进了乡村产业结构的调整和优化，对全国各地以乡村旅游为主要方式实现乡村振兴的地区具有典型的借鉴意义。

（一）西来村乡村旅游发展现状

1.旅游定位

近年来，重庆铜梁区将农业结构调整与群众增收、农业生产发展和生态环境保护等紧密结合在一起，积极开展农村绿化美化工程建设，为全域推进乡村振兴发展打下了基础。

2.规划理念

（1）固本理念

铜梁区把独具特色的黄龙传统文化、乡土民俗文化与新农村振兴紧密联系起来，把传统商品销售转变为致富产品销售，把农副产品包装为网红商品，以增加乡土商品的文化价值。

（2）创新理念

西来村玫瑰岛从一片林场转变到以"美丽浪漫爱情"为主题形式的消费新场景。配套吃、住、行、游、购、娱设施，让农区有了值得看的风景。

（3）绿色发展理念

把绿色的生态发展理念纳入乡村振兴发展全过程中，不搞大开发、不搞大拆大建，尽量保留原始的自然生态，让老百姓望得见山水，记得住乡愁（见图6-1）。

3.资源开发现状

过去，西来村基础设施落后，大量村民外出务工，大片土地被闲置，公共环境脏乱差，村办公室破败不堪。产业尤其薄弱，只有葡萄、枳壳基地及几口养鱼的山坪塘。

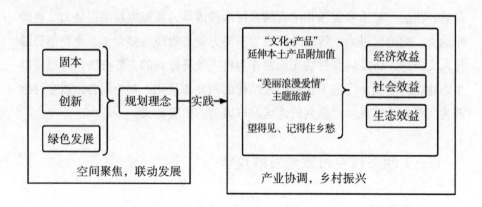

图6-1 规划理念

目前，随着西郊绿道及西来会客厅的建成投用，西来村的面貌焕然一新。打造了玫瑰岛及1300多亩的玫瑰园和婚纱摄影基地。村民通过就地务工和土地流转获得收入。同时，闲置农房被改造成民宿，村民用农房入股，改善环境的同时，发展壮大了新型农村集体经济。

4.全域旅游格局

铜梁区景区蓬勃发展，加快了构建全域旅游格局的步伐，陆续建成西郊花语悠游谷、成王果业、荷和原乡、牧堂纯草莓基地、新陆有机蔬菜基地、黄桷门奇彩梦园、巴岳山玄天湖等大小30多个产业基地，精品果蔬、精品苗木、精品民宿、精品水产、高端康养等产业融合发展，发展特色产业达4.07万亩。打造乡村旅游品牌，如西来村玫瑰岛，以爱情为主题，为全域旅游格局赋能（见表6-1）。

表6-1 重庆市铜梁区全域旅游格局

精品产业	
西郊花语悠游谷	一道60公里的春色长廊，沿途30多个地标景点。串起铜梁5个镇街、24个村落的田园风光。沿线建立了8座极具特色的乡村振兴会客厅

精品产业	
成王果业	在渝西地区果农繁育中占有重要地位，常年繁育有柑橘、桃、李、梨、葡萄等十大类、100多个水果品种，每年有500万多株繁育果苗销往全国各地
荷和原乡	铜梁荷文化旅游节举办地。是种植规模最大、品种最多的湿地生态荷花园，集城郊休闲旅游、名优特色荷花观赏、商品莲藕生产及"荷"文化展示于一体
牧堂纯草莓基地	基地总占地1000余亩，提供草莓采摘体验服务
新陆有机蔬菜基地	现有300个单体大棚，采取有机基质栽培技术，致力于有机蔬菜种植、特种锦鲤养殖及乡村观光旅游生态基地的建设与发展
黄桷门奇彩梦园	国家4A级旅游景区，集风情小镇、特色农业、生态旅游、休闲观光、养生养老等多种功能于一体的现代农业园区
巴岳山玄天湖	巴岳山，三十五峰青山重叠、素有巴岳游龙之称，集儒释道多元文化于一体。山上有天灯石、茶园、三丰洞、巴岳寺、玄天宫等景观。巴岳山脚下即玄天湖，并有"彩色温泉"之称的龙温泉
产业基地	精品果蔬、精品苗木、精品民宿、精品水产、高端康养等产业，发展特色产业达4.07万亩

（二）西来村乡村旅游发展经验

西来村玫瑰岛秉持固本、创新、绿色发展的理念，全力融入铜梁区全域旅游格局，发展乡村生态旅游，助推乡村振兴的实现，为广大农村落后地区提供了切实可靠的发展借鉴。

1.提供就业机会，带动农户致富

玫瑰岛在四月到十一月玫瑰花开时节，游客居多。旅游公司即在当地聘用农民并为他们购买保险，为当地农民提供大量的就业岗位，缓解农民生活压力，带动周边农户致富。提高了当地乡村生态旅游经济效益，为乡村产业结构的优化提供了大力支持。

2.改善居住环境，建设美丽乡村

西来村乡村生态旅游的发展，使西来村的居住环境发生了巨大改变。人居环境的提升不但提高了本地农户的生活品质，极大地提升了农户的幸福感指数，还有利于乡村形象的提升。西来村在保留原有特色的基础上，推动美丽乡村进一步建设，促进西来村生态宜居的实现和乡村旅游的发展。

3.减少社会问题，改善社会环境

在当地乡村生态旅游的发展下，"人才返乡、能人返乡、资本返乡"现象越来越多，使得当地留守儿童、"空巢老人"等现象逐渐减少。进一步推动了当地社会环境的改善，返乡居民既照顾到了小孩，也照顾到了老人，还能让"乡愁"不再愁，增收技能再上一"筹"。

4.区域划分灵活，创新综合服务

在乡村振兴战略背景下，乡村生态旅游发展规划中很重要的一点是因地制宜，凸显当地特色。做到调适与再造精神文化，宣传和展示制度文化，维护乡村文化的完整性、原真性和多样性，提升村民的地方认同和文化自信。西来村在玫瑰岛景区旁打造了集游客服务中心、特色商品展销厅、党群服务中心、社区活动中心等"景点＋社区服务"功能于一体的会客厅，充分灵活地进行区域的划分与功能的整合。不仅为游客提供更富有文化底蕴的旅游体验，也为当地村民提供了更便利的公共设施与服务，体现了智慧支撑力对乡村生态旅游的积极作用。

农村土地对农民而言具有至关重要的基础性作用，而乡村生态旅游的发展对土地资源的依赖性也极大。玫瑰岛景点的开发并未占用当地村民原本的农耕地，而是在前期考察规划后，合理改造资源空间，修建人工岛屿，在新增的土地上进行景点建设，合理解决了用地冲突的问题。

5.统筹城乡区域，产业联动发展

玫瑰岛的开发不仅仅是单一景点的规划，而是放开格局进行了全域生态旅游的建设。产业联动发展使生态旅游不仅仅是欣赏美景，还在吃、住等各方面都增加了对游客的吸引力和自身的吸金能力。近五年来，西来村玫瑰岛景区的接待量呈平稳上升趋势，旅游公司和村民都从中收获了旅游红利，乡村振兴的推动效果显著。

6.明确特色主题，策划主题化发展

在我国旅游业快速发展的当前，许多地方的旅游资源存在雷同以及相似的情况，导致景区的辐射范围较小且吸引力小。旅游景区的主题化策划能够提升景区形象，推动景区内涵具象化，进而吸引游客。

（三）玫瑰岛乡村旅游发展面临的问题

1.基础条件薄弱，配套设施欠缺

完善的基础条件是旅游产业融合发展的前提。玫瑰岛是乡村振兴孕育出来的生态旅游产品，其资源背景的基础条件较为薄弱。玫瑰岛景区配备的停车场车位数量极少，无法承受旺季时景区的参观需求；景区入口区域的交通主干道较窄，无法完全满足双向车辆行驶，尤其对大型旅游巴士来讲，存在极大的交通安全隐患；玫瑰岛景点内并未配备卫生间以及基础医疗服务点，无法满足基本的生理和健康需求，直接影响了游客的游玩体验。

2.产业发展单一，运营模式单调

玫瑰岛的景区卖点主要依靠"花"这一资源进行支撑。但花有花期，且受季节气候影响大，并不能保证生态资源的稳定性。当主打的玫瑰花和其他淡季种植的花种无法维系景点旺季状态的景色时，西来村目前并未开发出其他的产业进行补充支持。因此，西来村玫瑰岛的建设并未灵活充分利用乡村资源，农旅产业融合发展的运营策略较为单调，缺乏创新突破。

3.管理模式落后，人才流失严重

玫瑰岛的旅游服务大部分由年纪偏大的村民提供。由于他们自身文化水平不高，服务意识不足，也并未受过专业的岗前培训，在提供服务的过程中存在很多不规范不严谨的情况。又因为他们生理年龄的限制，接受新观念的能力较差，从思想上很难做到完善服务意识。

（四）西来村乡村旅游发展提升对策

1.完善人力资源管理模式

结合人力资源管理的六大模块理论，在人才规划管理方面，当地政府要积极发挥政治引领力，制定相关的人才吸引政策，吸引广大年轻人发现乡村的新变化和新机会，增加青年人回乡务工的意愿。在人员招聘方面，有相关的招聘负责人，定期梳理所需要的岗位，规范招聘流程。在培训提升方面，因服务于乡村旅游的大部分员工都是本地村民，服务意识薄弱，专业能力欠缺。因此，需要定期对员工进行岗位培训和服务意识培养，提升景点服务水平。

2.加大景区内基础设施建设

景区基础设施作为乡村旅游公共配套服务设施，在很大程度上能够为乡村经济与乡村旅游的良好发展起到推动作用。乡村生态旅游发展可以在充足资金的支持下，同步落实基础公共配套服务设施体系的多维度建设，真正做到兼顾旅游事业以及农村综合发展。随着当地农村旅游景点的蓬勃发展和客流量的扩大，进一步完善景点内基础设施，对路面交通、社区服务设施、环境卫生设施、景区指引系统等配套设施进一步完善刻不容缓。

3.多元开发相关旅游产业

对旅游资源进行合理有效开发，是乡村生态旅游得以发展的良好基础。乡村在旅游发展的内部驱动力和外部驱动力的共同作用下，吸引游客的项目逐步得以发掘，逐渐形成和完善旅游的构成要素，在空间集聚，组合产生服务管理功能及关联效应，使普通乡村转变为乡村旅游地。在乡村生态旅游地内，若相关的多元旅游产业作为旅游驱动力相互影响，联动发展，可进一步推动当地乡村旅游的发展。

要结合当地特色，合理进行总体设计与整体规划，既可结合当地文化历史、民俗节日打造特色生态文化旅游，又可结合当地自然环境，推进融观光、养生、休闲娱乐于一体的特色生态康养旅游。制定战略目标与具体的实施发展方案，通过探索多样化的乡村生态旅游项目模式构建，形成全方位、多层次的旅游发展模式，促进乡村生态旅游与乡村振兴有机结合的可持续发展。

4.提升景点宣传力度

利用互联网普及度高的特点，采用"融合性传播"，全媒体融合互动扩大推广范围，推广媒介和渠道发生了深刻变化。同时，线上线下渠道融合以提高宣传力度的趋势也日益显现。

首先，通过音乐作品来宣传旅游，紧密围绕"玫瑰岛"爱情主题，融入西来村民俗特色、村落历史等，创作脍炙人口的歌曲，提高宣传力度。

其次，邀请多平台博主体验，在交流社交类平台进行视频和图文分享。同时，拍摄精致宣传片投放到交流社交类平台上。

再次，与其他景区联合宣传。例如，与重庆铜梁玄天湖景区联合售票进行引流。

最后，推动建设景区信息数字化。构建涵盖"食、住、行、游、购、娱"全方面信息的网络平台，为游客提供直观真实的旅游信息，从而保障游客的游玩体验。与此同时，游客在此网络平台上发布游玩感想助推景区影响力扩大。

5.文旅融合提高核心竞争力

一是狠抓当地民俗文化特色，提升艺术品位，提高核心竞争力，增强发展质量效能。抓牢西来村玫瑰岛本身打出的"玫瑰花"招牌不放，走双特色之路，不仅能够补足植物开花具有季节性的缺陷，还能给予游客双重美感的体验。巧妙融合两种特色，创新展现形式，如"花海游龙"，切实提高旅游竞争力。

二是打造高质量文创产品，推动文旅资源增值。从西来村玫瑰岛的"玫瑰花"特色出发，文创产品可以涵盖玫瑰花茶、玫瑰花爱情首饰等。从"龙"特色出发，文创产品也可以涵盖小型龙彩灯、灯龙状玩偶帽等。在传播和运营上持续深耕发力,让文创的内容质量提高,有效拓深文旅资源。

6.推动"互联网+电商"模式

利用电子商务的营销形式和互联网平台,扩大受众范围,提升景区知名度,推动资源整合,为景区发展增效。以下是基于美国密歇根州立大学的杰罗姆·麦卡锡教授的4Ps模型分析。

(1)Product(产品)

主要产品为西来村玫瑰岛,包括园区内的食、住、游、娱几大板块。食包含当地特色农家菜、玫瑰花茶等与民俗相关的特色产品。住包含特色民宿等。游、娱包含观赏鲜花、采摘体验、垂钓体验、爱情主题咖啡厅体验等。

(2)Price(价格)

为了扩大消费者市场群,激发旅游消费者的购买欲望,此项目根据景区的不同情况和玫瑰岛内的多重项目收费标准,划分了两套定价策略:针对项目数量的单次价和套票价、针对游玩时间的标准价和优惠价。

第一,单次价:玫瑰岛内的收费项目分别定价后,消费者对各项目分别进行购买,不享受优惠;

第二,套票价:玫瑰岛内的收费项目分别定价后,按一定的优惠比例进行多个项目的套票销售;

第三,标准价:制定一个平时的、固定不变的价格;

第四,优惠价:根据情人节、白色情人节等与爱情相关的节日进行优惠活动、营业推广。

(3)Place(渠道)

第一,线上购物平台直播带货。与当地政府联合,吸引消费者,提高权威性和影响力;

第二,线上社交平台加大推广。灵活使用微信公众号、微信朋友圈、小红书、B站等推广方式;

第三,与其他景区联合售卖。

(4)Promotion(促销)

第一,广告:在社交平台和各大OTA平台上宣传铜梁玫瑰岛的景区优势和吸引点,增强传播力度;

第二，人员推销：前期由景区人员对旅游消费者进行宣传；

第三，营业推广：以各类节日优惠、满减、买赠等手段进行推广；

第四，公共关系：与当地政府达成友好合作关系，进行其他景区和玫瑰园的整体宣传。

综上所述，乡村生态旅游作为乡村振兴的方式之一，不仅为农村产业结构的创新变革带来了巨大动力，还在协调生态环境与社会环境之间起到了重大作用。只有明确乡村生态旅游事业的建设方向与发展基本目标，对乡村环境资源、人才资源、技术条件等进行充分利用，协调好乡村生态环境与产业齐发展，才能促进乡村经济效益、社会效益、生态效益的融合发展，进而为乡村振兴战略的实现提供切实有力的支撑，构建新时代生态宜居的美好新乡村。

第七章 乡村旅游规划创新模式

　　乡村旅游的创新发展离不开合理的规划。通过规划，人们可以充分把握乡村旅游发展的脉络，进而在保护乡村旅游资源的基础上实现乡村旅游的最大化发展。本章主要研究乡村旅游规划创新模式的相关内容。

第一节　乡村景观与旅游规划

一、乡村景观

从景观规划的角度来看，乡村景观是与城市景观相对应的概念，是自然生态景观、生产性景观与乡村聚落景观的综合体，包含了生态、生产、生活三个层面，是乡村地区人类与自然环境连续不断相互作用的产物，与乡村的经济、社会、习俗、文化、审美、精神等具有紧密的联系。其中，乡村景观的主体是以农业为主的生产性景观。

二、乡村景观规划

一般来说，乡村景观的发展主要包括三个阶段，即原始乡村景观、传统乡村景观和现代乡村景观。就目前的情况来看，我国人地矛盾突出，正处于由传统乡村景观向现代乡村景观的转变过程中。通过合理的规划实现资源的有效配置，保护乡村的生态环境，挖掘乡村景观的经济价值，营造良好的乡村人居环境，保护乡村景观的文化性与完整性，对实现乡村生产、生活、生态三位一体的目标都具有十分重要的意义。

（一）乡村景观规划的内容

乡村景观规划首先需要明确其内容，才能更好地进行后续规划实践。在具体的乡村景观规划过程中，需要考虑以下几个方面的内容。

（1）乡村景观资源利用的现状。

（2）乡村景观的类型与特点。

（3）乡村景观的结构与布局。

（4）乡村景观的变迁及其原因。

（5）乡村的产业结构及其经济状况。

（6）乡村的不同生产活动和社会活动。

（7）乡村居民的生活需求。

（二）乡村景观规划的目标

乡村景观规划的目标就是应用不同学科的理论与方法，通过乡村景观资源的分析与评价、开发与利用、保护与管理，维持乡村景观的完整性和乡土文化，挖掘乡村景观的经济价值，保护村庄的生态环境，实现村庄的社会、经济和生态的持续协调发展。[1]

根据乡村景观规划的发展目标，乡村景观规划的核心包括以农业为主体的生产性景观规划、以聚居环境为核心的乡村聚落景观规划和以自然生态为目标的乡村生态景观规划。

（三）乡村景观规划过程

乡村景观规划的过程包括以下几个方面。

---

① 赵德义，张侠：《村庄景观规划》，中国农业出版社，2009，第136页。

1.委托任务

当地政府根据发展需要，提出乡村景观规划任务，包括规划范围、目标、内容以及提交的方案和时间。委托有实力和有资质的规划设计单位进行规划编制。

2.前期准备

接受规划任务后，规划编制单位从专业角度对规划任务提出建议，必要时与当地政府和有关部门进行座谈，完善规划任务，进一步明确规划的目标和原则。在此基础上，起草工作计划，组织规划队伍，明确专业分工，提出实地调研的内容和资料清单，确定主要研究课题。

3.实地调研

根据提出的调研内容和资料清单，通过实地考察、访问座谈、问卷调查等手段，对规划地区的情况和问题、重点地区等进行实地调查研究，收集规划所需的社会、经济、环境、文化以及相关法规、政策和规划等各种基础资料，为下一阶段的分析、评价及规划设计作好资料和数据准备。

4.分析评价

乡村景观分析与评价是乡村景观规划的基础和依据。主要包括乡村景观资源利用状况评述，村庄土地利用现状分析，乡村景观类型、结构与特点分析，乡村景观空间结构与布局分析，乡村景观变迁分析等。

5.规划研究

根据乡村景观分析与评价以及专题研究，拟定乡村景观可能的发展方向和目标，进行多方案的乡村景观规划与设计，并编写规划报告。

6.方案优选

方案优选是最终获取切实可行和合理的乡村景观规划的重要步骤，这是通过规划评价、专家评审和公众参与来完成的。其中，规划评价是检验规划是否能达到预期的目标；专家评审是对规划进行技术论证和成果鉴定；公众参与是最大限度地满足利益主体的合理要求。

7.提交方案

经过方案优选，对最终确定的规划方案进行完善和修改，在此基础上，编制并提交最终规划方案。

8.规划审批

根据《中华人民共和国城乡规划法》的规定，城市规划实行分级审批，乡村景观规划也不例外。乡村景观规划编制完成后，必须经上一级人民政府审批。审批后的规划具有法律效力，应严格执行，不得擅自改变，这样才能有效地保证规划的实施。

三、乡村旅游规划

（一）乡村旅游规划的界定

乡村旅游规划是以乡村作为旅游规划的空间载体，因此乡村区别于城市，具有独特的规划特色。乡村旅游规划追求的最终目标是为旅游者创造时间与空间的差异、文化与历史的新奇、生理心理上的满足，其中均蕴含着三个层面不同的需求。

其一，旅游活动以及与之相关的文化历史与艺术层面，包括潜在于旅游环境中的历史文化、风土人情、风俗习惯等与人们精神生活世界息息相关的文明，即关于人们行为活动以及与之相应的经营运作的规划需求。

其二，景观时空层面，基于景观空间布局的规划，包括区域、总体、景区、景点的时间与空间上的布局、设计，即关于景观时空布局的规划需求。

其三，环境、生态和资源层面，包括土地利用、地形、水体、动植物、气候、光照等人文与自然资源在内的调查、分析、评估、规划、保护，即生态环境大地景观的规划需求。

这些构成了旅游规划需求的三元。与需求对应，现代旅游规划的内容同样包含三元：以"旅游"为核心的群体行为心理规划和项目经营；以"景观"规划为核心的优美的旅游景观环境形象创造；以"生态"为核心的旅游环境生态保护。

（二）乡村旅游规划的指导思想

1.动态发展思想

乡村旅游规划动态发展的思想主要表现在以下两个方面。

（1）乡村旅游规划目标和内容要具有一定的弹性。乡村旅游规划固然对乡村旅游发展有巨大的指导价值，但是这种价值是建立在规划与乡村社会经济发展现状相契合的基础上的，而社会环境的迅速变化决定了乡村旅游规划也是随时紧跟社会环境的变化进行调整的。

（2）乡村旅游规划要保证近期规划的稳定性、中期规划的可行性以及长期规划的发展性。

2.生态旅游思想

生态旅游观念兴起于20世纪80年代。近年来国内外研究者开始对生态旅游进行整合，将生态旅游视为一种特殊的旅游形式，即乡村旅游、度假旅游等可能属于生态旅游的一部分，但也可能不是，而这完全由旅游区的旅游发展理念所决定。随着人类对生态环境保护的日益重视，生态旅游开始受到很多旅游者的追捧，乡村旅游事业开始逐步朝着生态旅游的方向靠拢。事实上，乡村旅游与生态旅游本身就有异曲同工之妙，只是在发展乡村旅游的过程中由于忽视了对生态环境的保护，乡村旅游与生态旅游渐行渐远，但是这对于乡村旅游的可持续发展有害无利。因此，在进行乡村旅游规划时要始终秉持生态旅游的思想，一切乡村旅游规划行为都不能与生态环境的保护背道而驰，只有这样才能够确保乡村自然景观与人文景观对游客的吸引力，保证乡村旅游持久的生命力。

（三）乡村旅游规划的原则

乡村旅游规划所要考虑的内容包括乡村的旅游市场需求、资源约束、社会宏观条件分析（主要是经济条件）等几个方面。由于"乡村"的特殊性，决定了其规划必须遵循以下几个基本原则。

1.自然环保原则

随着工业生产对生态的破坏日益严重，生态环境保护受到越来越多人的重视，旅游规划作为一种技术产品，也应当紧跟时代的潮流，具备生态文化的特征，承担起保护生态与文化多样性的重任。具体来说，就是在乡村旅游规划中科学运用景观生态学、生态美学等理论来实现乡村旅游与生态的协调发展，最大限度地降低发展乡村旅游对生态环境所造成的破坏。坚持自然环保原则也就意味着在乡村旅游规划中要因地制宜，尽可能地保留自然特色。

2.乡土特色原则

乡村旅游最大的特色就是乡土文化，五千多年的历史造就了中国璀璨的乡村民俗文化，复杂的自然地理环境则决定了每一个乡村都有自己的特色。因此，乡村旅游规划的一个重要内容就是充分地将乡土文化凸显出来，从而在诸多的旅游形式中独树一帜，吸引游客的注意力。坚持乡土特色原则指的就是在乡村旅游规划上要有别于城市的公园绿化，尽可能体现出野趣天成、返璞归真情趣；在植物配置上注重适地适树，强调多样性和稳定性，所展示的也应该是当地的农耕文化和民俗文化。

3.良性互动原则

良性互动原则主要是针对乡村旅游与村民居住环境而言的。众所周知，人类居住环境良好很容易获得游客的认可，从而推动旅游的发展，同样的道理，旅游的发展又会不断地改善人类的居住环境，因此在乡村旅游规划中要坚持良性互动原则。

坚持良性互动原则就是要求乡村旅游规划在尊重自然的前提下充分考虑到人类的活动需求与心理诉求。由于乡村旅游中人们的身份大致分为原住居民和游客两种类型，而他们的活动与心理需求是不同的，其中原住居民的需求主要以生产和生活需求为主，游客的需求则以休憩、娱乐需求为主，因此乡村旅游规划要兼顾这些需求。从投资回报的角度来说，游客的休憩、娱乐需求占据主导地位，因此应当将提高游客的舒适度作为规划的重点。但是考虑到村民是乡村旅游的主体之一，也应当不断改善村民的聚居环境，帮助村民建设美好家园，从而使乡村居民生活环境与乡村旅游相互促进、共同发展。

第二节　乡村旅游规划与开发的模式

乡村旅游规划与开发的模式可从三个视角来分析：一是乡村旅游的地理区位，二是乡村旅游的资源内涵，三是乡村旅游的组织结构。

一、从地理区位划分

（一）城市依托型

城市依托型乡村旅游指的是乡村依托大城市发展旅游业，将大城市居民作为主要客源，乡村旅游重点为大城市居民服务的发展模式。环城市乡村旅游依托于城市的区位优势和市场优势，在城乡接合部和环城市区域发展具有观光、休闲、度假、娱乐、康体、运动、教育等功能的乡村旅游产业，形成规模化的环城市乡村旅游圈。城市依托型乡村旅游与现代农业、休闲度假和乡村商业三大产业集群密切结合，形成了"1+3"发展模式。①目前国内发展较好的有北京、杭州、成都等城市的近郊乡村旅游，这些乡村旅游项目有的依托当地独特的自然风光，有的以特色农业为主题来吸引大城市游客。城市依托型乡村旅游模式的优点在于拥有稳定的客源，交通便利，是发展最为成熟、市场潜力最大的一种乡村旅游模式。环城市乡村旅游是最为典型的城市依托型乡村旅游发展模式。

（二）景区依托型

具有市场规模的成熟景区是旅游业发展的亮点，周边乡村依托其客源市场的多样化需求，开展相关旅游服务供给，形成景区依托型的乡村旅游开发模式。农家乐是最为典型的景区依托型乡村旅游发展模式。景区依托型乡村旅游依托景区的旅游资源吸引力、品牌形象、交通网络、旅游线路和规模市场，提供餐饮、住宿、交通、向导、购物和休闲娱乐服务，以多样化服务、灵活的经营方式和弹性的价格机制获得了乡村游客的青睐，带动了乡村经济的发展。在景区开发的带动下，周边从事乡村旅游的民众往往具有较强的旅游服务意识和旅游职业认同。随着乡村旅游管理水平日渐提高，景区依托型乡村旅游业逐步认识到科学规划的重要性，将自身的发展与景区的发展密切联系起来，制定了乡村旅游发展规划，与景区开发协同发展。景区在景观建设和交通设施上的刚性投资较多，但鉴于淡旺季的客观存在，游客流量具有不稳定性，要防止淡季的供给闲置。在景区经营的旺季，旅游供给的不足往往由周边乡村旅游来弥补。这些田园风光和民俗风情也往往是景区所不具备的，于是在旅游供给方面与景区形成了产品互补关系，因需求的存在而进一步发展。

---

① 郝芳:《旅游美学视野下的乡村旅游发展研究》，北京工业大学出版社，2019，第169页。

（三）偏远地区型

偏远地区型乡村旅游即远离都市的偏远乡村地区利用旅游资源的原真性和特殊性开展旅游业务，并与国家旅游扶贫政策相耦合的乡村旅游开发模式。这种类型的乡村旅游大多区位偏远，交通不便。由于历史上长期的经济弱势，人口密度极低，外来访客较少，也正因为如此，这些地域生态资源无破坏，人文资源无干扰，自然景观壮美辽阔，乡风民俗保持了古朴气息和文化底蕴，对于那些逆城市化的践行者和热衷于异地异质文化的探寻者来说，具有一定的吸引力。加之国家产业扶贫政策的介入，这些地区的交通条件和基础设施建设逐步完善，形成了初步的旅游接待条件。偏远乡村地区可以利用古村落、古建筑、民俗风情、红色遗迹、历史遗址、田园风光、青山绿水和现代扶贫产业，把旅游与农业、体育、研学活动相融合，开展田园旅游、休闲农业、体育旅游、民俗旅游和研学旅游活动，形成农家乐、家庭农场和休闲农庄等多种旅游业态。大力开发绿色农产品与当地非物质文化遗产为特色的文创衍生品，让乡村旅游产品成为当地乡村风物的展示台，有效提高当地村民收入。在目的地建设的策略层面上，应当把田园理想和社区建设相融合，构建"居民空间+商业空间+休闲空间"，留住乡愁、惠及民生、构建美丽、创造幸福，推进乡村振兴。

二、从资源内涵划分

（一）农业依托型

农业依托型乡村旅游是指乡村依托当地农业内涵及表现形式进行旅游开发的模式。例如，江西婺源篁岭在田园景观型发展道路上，走出了"花海+乡村旅游"发展模式。在缆车入镇的过程中，乡村游客满眼皆是锦绣风光。小镇内部也多方位营造花卉景观，并在阶梯布局的民居建筑之上展现"晒秋"的色彩。在"花海"的主题之下开辟了一条商业街道，以古朴的建筑风貌作为旅游购物和餐饮消费的背景。值得关注的是，农业科技在现代乡村旅游发展中发挥着重要作用。

（二）历史依托型

历史依托型乡村旅游是指乡村地区依托乡村聚落景观、乡村建筑景观及其蕴含的文化精神进行旅游开发的模式。古村镇旅游是典型的历史依托型乡村旅游。古村镇具有古朴的建筑格局和建筑形式，以及丰富的历史文化内涵，具有重要的旅游资源价值。古村镇旅游开发分为两大类：一是开放式，二是封闭式。开放式如陕西省礼泉县烟霞镇的袁家村，入园不收门票，依托西安都市圈的客源市场，采取村集体集约管理形式，以丰富的村级旅游项目获取收益，其特色饮食、乡村客栈、旅游购物和演艺项目成为村集体的主要收入来源。

（三）民俗依托型

民俗依托型乡村旅游是指乡村地区依托乡村民族民俗文化、乡村制度文化和乡村精神文化进行旅游开发的模式。例如，西安市灞桥区的白鹿景区整合区域文化资源，以保护和传承地方特色为目的，以乡村制度文化和乡村精神文化体验为核心，通过高水平的规划和精心的院落建筑设计，营造民俗文化历史场景，配合美食、互动、体验、演艺，打造全方位的传统民俗文化体验地。

三、从组织结构划分

（一）个体农庄

现代农业科技和现代经营理念促进了个体规模农业发展，在此基础上，个体农庄的乡村旅游开发模式表现为，在原有的农、林、牧、副、渔产业基础上开发旅游新项目，进行旅游设施建设，设计具有乡村特色的旅游产品，从而形成了具有完整接待能力的乡村旅游景点。个体农庄的发展吸纳了附近大量闲散劳动力，将休闲农业融合到旅游服务业中，初步实现了一、二、三产业的融合发展。个体农庄多采用轻资产的自主运营形式，投资少、见效快、回报高，拓展了乡村土地的升值空间。

（二）村办企业

村办企业的乡村旅游开发模式是自然村或行政村的"村有企业"开发、经营和管理的模式，实际控制主体是村委会。在这种模式下，村集体开发经营的自主性能够充分体现，村民参与度和积极性较高；在乡村旅游规划和开发的过程中能够把体现当地乡风民俗的地域特色保留下来，突出乡村旅游资源的独特性和吸引力；管理者与村民具有利益的内在一致性，在思想观念、生活方式、文化认同等方面的冲突也比较少，在先进经营理念的指导下可以促进沟通协作，提高经营管理效率。

（三）农户+农户

"农户+农户"的乡村旅游开发模式是乡村旅游发展初期经常出现的经营模式。乡村旅游开发初期，农民对外来经营单位心存疑虑，不愿将资本和土地交给企业进行管理，他们更愿意采用农户协作的经营方式，逐渐形成了"农户+农户"的乡村旅游开发模式。这种模式的经营方式机动灵活，资金投入比较少，能够保留乡村旅游资源的原真性，乡村游客以较少的支出就能体验到当地的风土人情。但这种模式不易形成旅游规模经济，适合乡村旅游发展初期，只能满足少量旅游供给。

第三节 乡村旅游规划的创新内容

乡村旅游助力乡村经济发展。当下乡村振兴取得重大成就，乡村旅游发挥了不可替代的作用。在乡村振兴战略大力推进、文旅融合的时代要求下，市场需求已从观光、休闲到度假复合型转变，乡村旅游产品也将进入创意化、精细化发展新阶段。

一、乡村体验旅游

（一）乡村旅游与体验式旅游融合的趋势

乡村是人们感受大自然，体验乡村生活的好地方。在城乡融合发展的战略推动下，乡村旅游资源被进一步挖掘，以人文无干扰、生态无破坏为特色的乡村旅游日益兴起，越来越多的人更愿意远离喧嚣的城市，去宁静和谐的乡村度假旅游。明星真人秀节目更是进一步带动了乡村旅游的发展，如《爸爸去哪儿》《向往的生活》等节目的热播，吸引了许多人前去体验乡村生活。乡村旅游已逐渐成为一种生活方式，体验式的乡村旅游也将成为一种旅游新风尚，这是体验式经济发展的产物，也是乡村旅游发展的重要趋势之一。

体验式乡村旅游是一种新型的高品质旅游方式，主要通过提高游客们的参与度，如采挖虫草、插秧耕田等农事活动，让他们亲身体验乡村生活，在感受乡村宁静、生态的自然环境的同时融入真实的乡村生活环境，深入了解当地的人文风情，学习独特的乡村文化。体验式乡村旅游顺应时代发展潮流，也符合大众需求，是我国旅游产品开发策划应该注重的新方向。

（二）体验式乡村旅游的市场需求分析

1.现实需求分析

（1）消费者的内心需求

随着经济的迅速发展，人们生活节奏加快，工作所带来的压力剧增，现代旅游者已经厌倦了城市的喧嚣，更向往宁静、自然的田园乡村生活。体验式乡村旅游注重让旅游者通过亲身体验乡村生活，感受乡村民俗风情，暂时从高压工作、单调枯燥的生活以及钢筋化的城市环境中摆脱，以释放压力、调节身心，满足游客内心的现实需求。

（2）消费者对外部的需求

旅游者的旅游需求不断变化，对旅游产品的质量要求越来越高。在层出不穷的旅游产品中，单一的观光旅游已经不能对游客产生吸引力了。现在的旅游者更倾向于体验具有特色的活动。乡村旅游具有鲜明的地方风景特色和民族文化特色，因此乡村旅游与体验式旅游相结合的旅游形式为现代旅游者提供了一个走进乡村、体验乡村生活和感受乡村民风民俗的机会。

2.潜在需求分析

根据《中国乡村旅游发展指数报告》显示，乡村旅游市场呈现年轻化趋势。年轻人不再满足于纯粹的观光游览活动了，而是在旅行过程中越来越重视体验感和参与感。通过在乡村旅游中融入一系列精心设计的体验活动，将吃、住、游融为一体，且引入现代高科技，在体验的同时为游客增加不一样的乐趣。体验式乡村旅游更能满足旅游者个性化和多样化的需求。

（三）体验式乡村旅游产品开发及运营

1.产品开发及运营中创意理念的引入

关于体验式乡村旅游产品开发的创意理念有以下两点：一为体验式乡村生活，二为乡村旅游App，即乡村旅游服务一体化的打造。

首先，所谓"体验式乡村生活"的理念，旨在亲身体验乡村生活。源于早期乡村生活方式，当下浮躁与快节奏的生活方式使得乡村生活受到更多人的青睐，再加上城乡一体化战略的提出，促进城乡融合发展，加快了城市走向乡村、乡村走向城市的双向流动。"体验式乡村生活"回归过去乡村特有的生活方式，寄托人心中的乡愁，架起城市与乡村之间联系的桥梁。

其次，乡村旅游App，打造乡村旅游服务一体化平台。随着时代的发展，生活方式的快捷化，人们的旅游方式不再单一，传统的旅游产品难以满足人民日益增长的美好旅游体验需要。结合大数据的便捷性和多样性，打造一个体系完整、快捷便利的乡村旅游服务一体化平台，更能带动乡村文化和经济的发展。

2.体验式乡村旅游产品开发建议

体验式乡村旅游产品在创新理念的引导下，衍生发展为闲置土地的再利用，农事一对一体验，住房民宿化，旅游环境优质化，以及乡村文化深层次挖掘。产品开发设计方向由点到面，以乡村旅游为突破口，从出行住宿服务到旅游项目，致力于打造体验式乡村旅游一体化服务，并且保护乡村自然生态环境，挖掘深层乡村文化，带动乡村经济产业链发展，以实现城乡接合一体化，为乡村振兴攻坚战打响第一枪。

（1）闲置土地的再利用、农事一对一体验

闲置土地用于对外开放式种植，提供农作物种子，利用特殊大棚以及相关标识牌将其与本地原有的种植地区分开。将闲置土地等分为若干小型田地，增添适当装饰，每块小型田地都有相应的农户照顾，顾客从提供的种子中选择（种子的生长周期较短），亲自体验种植，每一块田地设置无线摄像头，顾客可利用手机远程了解植物的生长情况，体验种植乐趣。

（2）住房民宿化

居民住房中的空置房间再利用，减少旅游居住区建设成本，保留乡村住房特色。将存在问题的住房剔除，统计可用的房间，设计民宿居住分布图，做到有效空间利用最大化，最后进行房屋装饰改造，展现乡村特色。实际运营时，结合App的投放使用，乡村居民通过注册账号成为商家与顾客沟通，实现一对一交流，消除住房顾虑。

（3）旅游环境优质化

大力发展旅游业，凭借乡村的淳朴自然，打造旅游景点吸引游客。规划整改旅游景点的交通，对方便快捷的山路适当修整，确保安全和畅通。规划特色观景路线，保留当地原汁原味的特色，不过分引入外来植物作为景观，划定部分区域供游客露营；可以给予当地居民酬劳进行景区卫生保障，不影响当地生态，使旅游环境优质化。

（4）乡村文化深层次挖掘

我国历来是一个农业大国，乡村文化占据中国文化的重要地位，乡村振兴中就重点强调了文化振兴。将乡村文化运用于体验式乡村旅游产品的开发既符合了党的政策方针，实现对乡村文化的传承与发扬，同时也使得乡村旅游有了更大的生命活力和源源不断的开发价值。赶集体现乡村市场文化；开放烹饪增加自给自足的乐趣；独具特色的小吃和手工制品体现浓浓的风土人情。除此之外还包含节庆民俗、茶文化、传统工艺、民间艺术、神话传说、杂技表演、农耕文化等，都是体验式乡村旅游产品开发的灵感与素材，在这样的融合和调剂下，游客享受的不只是乡村生活，而是"镀"了一层文化金边的旅游产品带来的优越感。因此，在体验式乡村旅游产品的开发中，应重视文化的结合，合理引进文化元素，打造"文化+体验"的乡村旅游产品。

二、乡村亲子旅游

乡村亲子旅游产品区别于常规旅游产品，以乡村美好田园风光、传统农业生产等为核心，将"亲子""家庭""旅游""乡村""休闲"进行多维结合，满足以家庭为单位的游客回归田园、延续记忆的精神需求。乡村亲子旅游产品是在乡村旅游、亲子旅游的基础上发展而来的，存在产业化程度较低、同质化现象严重的问题，大多数乡村亲子旅游产品经营较差，其根本原因在于产品的设计和经营缺乏科学的指导。因此，结合时代背景，依托乡村旅游，积极开发乡村亲子旅游产品，丰富乡村旅游产品类型，是乡村亲子旅游和旅游业高质量发展的关键。

（一）乡村亲子旅游产品

1.乡村亲子旅游产品的概念

乡村亲子旅游产品是一种将血缘联系作为最基本的维系依据，将子女与父母的互动性作为核心内容，能够在较早的阶段对儿童的运动、语言、认知、情感、创造、社会交往等方面的潜力进行适当挖掘，以及对其进行个性教育，最终构建融洽的亲子关系，从而持续提升儿童综合素质的特色旅游产品。乡村亲子旅游产品与普通家庭旅游产品最大的不同之处就是，乡村亲子旅游更注重加强家长和儿童之间的感情交流和沟通。

2.乡村亲子旅游产品的特征

父母与孩子是乡村亲子旅游的主要客源。在其他家庭旅游产品中，父母主要扮演普通的参与者角色，被动跟随儿童进行观光游览。但是，在乡村亲子旅游过程中，父母不仅是乡村亲子旅游产品的承载者，还是一个传递者。因此，开发乡村亲子旅游产品，既要重视孩子的参与，又要调动家长的参与热情。值得一提的是，交互是个人存在和发展的先决条件，是一个群体存在和发展的基本条件，也是家庭关系中最重要的要素。参加亲子旅游活动的人员进行的互动是多向的，既包括父母和孩子之间的交流沟通，也包括孩子和孩子之间的相互影响，必须让孩子在相互影响和交互中实现自我发展。

（二）乡村亲子旅游产品的开发价值

1.拓宽旅行社的竞争空间

随着我国旅游业的发展，尤其是在乡村振兴战略深入落实的背景下，乡村旅游成为我国现代旅游业发展的重要形式，推动了旅游产品的升级转型。当然，资本市场也看中了旅游业这个"香饽饽"，外资旅行社、合资企业纷纷入局，越来越多的旅游企业希望从中分一杯羹。然而，由于旅游企业的产品属于特定的服务型商品，具有一定的普遍性，差异性并不显著，因此，低价竞争成了旅游企业占据市场的法宝，但这会对旅游企业的盈利能力产生不利影响。因此，对乡村亲子活动和家庭旅游进行细分，开发乡村亲子旅游产品，对拓展农村亲子旅游市场，寻找新的盈利增长点，具有重要的现实意义。

2.推动现代教育高质量发展

联合国教科文组织在《教育：财富蕴藏其中》一书中提出，面对未来的社会发展，教育应以四项人类最根本的学习技巧为中心，即学会认识、学会做事、学会生活、学会生存。旅游，特别是户外旅游、乡村旅游、农业观光，可以促进孩子这四项能力的发展。例如，在乡村亲子旅游过程中，可以通过聆听向导的解释，锻炼儿童的听力和理解力；新鲜有趣的东西，如农业生产、农村生活、民俗活动，既能激起孩子的好奇心，又能增强孩子的动手能力；乡村旅游还可以让孩子体会到"粒粒皆辛苦"的含义，让孩子树立起热爱劳动、尊重劳动的理念。因此，发展乡村亲子旅游产品既是当今社会发展的需要，又是对古人所倡导的"读万卷书，行万里路"的最好体现。

（三）乡村亲子旅游产品的开发策略

1.乡村亲子旅游产品的开发类型

结合我国旅游行业发展经验及乡村亲子旅游产品过往设计，笔者总结出下述产品开发类型。

（1）自然景观类型

自然景观类型的乡村亲子旅游产品丰富，依托山、水、森林、沙漠等自然景观可以保障乡村亲子旅游产品有自身特色，既能让游客观赏自然景观，还能体验农业生产，给予游客未曾有过的体验。在规划设计时，需要注重对整体旅游资源的考量，结合乡村自身的餐饮、住宿、交通、购物、娱乐等情况，为游客带来独特的旅游体验。以江南的乡村亲子旅游产品为例，可以充分利用村落依水建造的特色，结合水乡民俗活动，为游客营造乡村休闲氛围。

（2）乡村民俗类型

乡村民俗类型的乡村亲子旅游产品依托当地独有的民俗文化和民俗资源吸引游客驻留，不同于其他旅游产品，其没有壮丽山河、瑰美景观等自然景观资源，但是经历长期的文化沉淀，形成了独有的民俗文化，如云贵川地区的"坝坝宴""流水席""芦笙舞"等，在民间广泛流传，但是少有人体验。因此，这类地区应该重视开发当地乡村民俗，设计匹配的旅游产品，对民俗文化、民俗资源进行周期性展示，让游客熟悉当地独特民俗，了解民俗发展演变的过程，延长游客的停留时间。此外，要增加民俗相关手工艺品，扩大游客消费渠道，刺激当地乡村旅游发展，形成良性的旅游经济循环。

（3）特色农业类型

特色农业类型的乡村亲子旅游产品更注重游客的体验，当地农业生产模式具有特殊性，可以凭借独特的农业耕种模式吸引游客，如广西与云南等地区的梯田、浙江与安徽等地的茶园。游客参与农业生产，体验特色的农业活动，感受劳动人民的智慧，能获得前所未有的乐趣。要依托特色农业对地貌的改造，让游客在游玩的同时得到身心的放松，享受乡村生活，品味乡村特色美食。

（4）综合覆盖类型

综合覆盖类型的乡村亲子旅游产品囊括多种特色旅游资源，既有优美的自然景观资源，又有独特的民俗资源，个别地区还拥有特色农业生产资源。设计规划时要注重对各类资源的合理利用，在开发自然景观的同时，不能忽视对乡村旅游资源的开发，要设计一个以自然资源为卖点，以民俗文化为吸引点，并结合乡村旅游休闲特色的度假型旅游产品。

2.乡村亲子旅游产品的设计导向

（1）乡村亲子旅游产品的设计要求

游客消费乡村亲子旅游产品的主要目的在于体验乡村生活、休闲娱乐，所以在设计乡村亲子旅游产品时，必须注重产品的休闲性和娱乐性。具体来讲，应将休闲作为产品设计时的首要考虑要素，放宽旅游活动的参与周期，注重慢节奏生活体验，延长游客停留时间。同时，要考虑基础设施的完善，如停车场、现代化厕所等。另外，为了形成差异化体验，可以在乡村旅游产品中加入健身房、酒吧等配套商业设施，让城市游客在乡村获得截然不同的生活体验。

（2）乡村亲子旅游产品的设计方向

由于儿童生理、心理发育不成熟，因此在中长途旅行中会表现出较强的不适应性，带孩子出门旅行的家长要携带许多生活用品、衣物，希望旅行省心和便利。因此，发展乡村亲子旅游，要为亲子家庭提供便捷的交通，在旅游地为游客提供一些满足其生活需求的特色服务。例如，在饮食上，可以根据儿童的需求，提供儿童套餐。在住房上，可以采用"大房+小房"的办法，让一家人合住一间。开展亲子旅游是为了加强家长和孩子之间的情感交流，促进孩子自我提升。如果孩子的抗挫折能力较弱，就可以组织一次亲子旅游，在旅游过程中，家长要尽量鼓励孩子自己完成一些活动项目。此外，为了解决孩子的厌食问题，可以举办一次家庭农场游，让孩子体会到"谁知盘中餐，粒粒皆辛苦"的真正含义与农民伯伯的艰辛。

三、乡村休闲旅游

20世纪中后期，很多发达国家的乡村旅游进入了观光休闲发展阶段，实现了旅游业与农业的结合，催生出全新的产业。在这一阶段中，对庄园、农场等进行了规划建设，设立的休闲项目包括漂流、登山、滑翔、骑马、徒步旅行、参加农事等，还开办了各种形式的培训班、自然学习班、务农学校等，真正意义上实现了现代乡村旅游的开发与建设。从此，乡村旅游在单纯郊游的基础上增加了越来越多的休闲娱乐活动。

乡村旅游不再局限于田园风光的欣赏，观光休闲农业园逐渐取代传统的乡村旅游模式。乡村旅游在观光的基础上加入了购、食、游、住等多种经营形式，随之出现了从事乡村旅游的专业人员。此外，乡村旅游不再是农业与旅游业的简单相加，而是使二者在相互结合中共同发展，这是乡村旅游新兴产业产生的重要标志。

20世纪80年代，随着人们对休闲度假旅游需求的不断提高，观光农业园衍生出来的功能越来越多。比如，环保、教育、体验、度假、休闲等。乡村旅游的功能实现了对"生产、生活、生态"的贯穿，具有生产、生活、生态的多功能市民农园、教育农园、度假农庄、休闲农场等随之出现。20世纪90年代，乡村文化旅游逐渐兴起，并成为乡村旅游的主要内涵。后来，乡村文化旅游相继推出，包括节庆活动、农舍建筑、农耕文化、民族文化、民俗风情等，乡村旅游的文化品位与文化层次得到极大提高。比如，新西兰的"花园花展旅游""牧之旅"、德国的"市民农园""度假农庄"、韩国的"周末农场""观光农园"、日本的"都市农场"等。

以《全国休闲农业发展"十二五"规划》中休闲农业的界定为基础，参考国内外业界专家的观点，休闲农业可以从以下四个方面进行界定。

（1）休闲农业的本质是一种新型农业产业形态，它既不同于传统的农业生产经营形态，也不同于休闲产业单纯的娱乐服务属性，它是以农业自然生态为核心，将种植养殖、林业、牧业、渔业等产业资源与旅游休闲功能进行整合后形成的新型农业产业形态。但休闲农业具有较为明显的季节性与地域性，需要根据农业生产的特征设计休闲产品，同时也需要通过差异化产品组合，淡化季节性影响。

（2）休闲农业以"三农"为发展基础，它的发展需要充分考虑农业、农村、农民问题，不能脱离"三农"基础。在农业方面，通过休闲功能的植入，休闲农业的发展可拉长农业产业链，提升农产品的附加值，实现一、二、三产业的融合；在农民方面，休闲农业的发展可充分吸收农村剩余劳动力，在加工业、服务业等方面增加农民就业，同时还可拉动农民创新创业；在农村方面，休闲农业以产业发展带动区域经济发展，同时通过传统文化的传承、基础设施与公共服务设施的完善、城市文化的碰撞，提升社会文明水平。

（3）休闲农业以"三产融合"构建产业形态。休闲农业是一种"泛农业"概念，是传统农业与加工制作、旅游休闲、康体运动，以及科学技术、物联网、互联网等各类产业融合形成的产业形态。因此，休闲农业是以"农"为基础，以休闲化为导向，通过农业与二三产业的深度融合，打造丰富的产品类型与活动体验，最终形成一二三产业互促发展的创新产业形态。

（4）休闲农业融合生产、生活、生态功能。休闲农业集生产、生活、生态功能于一体，为消费者提供生产体验、农产品购买、生活方式体验、生态环境共享等服务，目的是通过休闲化打造，充分挖掘乡村的生态优势与文化优势，盘活农村闲置资源，以推动农业增效、农民增收、农村增绿。

依托不同的资源基础与开发手段，休闲农业有多种规划模式。从实际现状看，艺术观光、休闲聚集、智慧科普、田园养生是休闲农业目前主流的四种规划模式。

（一）艺术观光型规划

艺术观光型休闲农业是指通过艺术手法的介入，使乡村原有的良田、粮食蔬菜、花卉苗木、乡村农舍、溪流河岸、园艺场地、绿化地带、产业化农业园区、特种养殖业基地等自然人文景观形成独特的艺术魅力，并以此为核心，融入文化、旅游、休闲元素，打造艺术节、文化村等活动与项目，为旅游者构建以艺术观光休闲为主要内容的产品。这类产品使游客回归自然，感受大自然的原始美以及艺术与自然融合的震撼力。在山清水秀的自然风光和多姿多彩的艺术形态间放松自己，从而获得一种心灵上的愉悦感。

产品类型：艺术观光休闲产品强调艺术植入与艺术的生活化处理，产品兼具自然艺术与生活艺术的美感。

具体项目：艺术田园观光创意景观花海（油菜花、向日葵、薰衣草、胡麻花、郁金香等）、稻田、梯田、麦田怪圈、稻田画等设施，容器种植、无土栽培、温室栽培、温室花卉、创意农业、基因工厂、生态建筑、仿生建筑、农业遗址等。

开发要点：艺术观光型休闲农业的开发以艺术与乡村风貌的改造融合为核心。

（1）以艺术家为核心多方共同参与。艺术观光休闲产品的打造需要艺术家、原村民和消费者的共同参与，该类产品的核心生命是艺术，需要艺术家倾注心力，对原有的田园、建筑等农业资源进行融合改造，并根据场景进行艺术创新，最终形成具有核心吸引力的艺术观光产品。艺术观光产品生产的全过程都离不开原村民的参与，原村民提供闲置的乡村农业资源，参与休闲活动的经营，并在区域发展中受益。由艺术连接起来的消费者，具有较高的忠诚度，通过适当的引导，能够与原村民一起推动区域的艺术发展与产品更新。

（2）依托区域资源，打造可持续更新的艺术观光休闲模式。艺术具有生命性，与个人生活、时代发展等密切相关，需要持续不断地改造、创新，这样才能为项目注入持续的生命力。因此，这一开发模式应尽量选择具有持续性的艺术活动来带动，以不断保持产品的时代感与创新性。

（3）以更宽广的视角，打造产品的独特性与典型性。艺术是人类情感的表现，艺术与农业的融合远不是在农业环境中放几个艺术作品那么简单，它需要艺术与乡村风貌的完美融合，需要从人类共通情感中打造农业中的艺术世界，形成具有独特魅力、典型价值的艺术场景与体验。

（二）休闲聚集型规划

休闲聚集型农业开发是以农业为基础，以宁静、松散的自然氛围为依托，以农事体验、花卉观光、科普、运动等多种多样休闲体验活动为核心的一种开发模式。此模式核心在于通过"主题化"途径打造乡村休闲活动和乡村文化的极致化体验，进而通过休闲消费的聚集来提升运营和盈利能力。主题往往能构成项目吸引核，成为吸引人流的利器，并通过主题型特色体验和特色服务内容的提供，留住人群，刺激消费，推动产业升级。

打造重点：主题聚焦下的休闲农业开发主要有三个要点。

（1）充分挖掘主题资源。基于乡村文化和农业特色，聚焦特色主题，通过景观设计和体验情景的融入，让游客感受到主题氛围，并参与其中，满足其体验诉求。

（2）围绕主题形成产品支撑体系。主题资源及文化的挖掘和定位固然重要，但最终落地要靠主题型核心产品和项目支撑。

（3）基于主题形成品牌化发展。在主题体验产品和主题氛围的营造下，通过文创将主题导入"种植、加工、包装、营销"等环节，提升农产品附加值，并借助互联网和微平台，形成互动营销和品牌宣传，拓展游客和消费市场。

产品类型：休闲聚集型开发模式下，结合市场需求和主要功能综合考虑，休闲农业的产品一般分为特色农业类休闲、亲子类休闲、运动类休闲、文化类休闲、科普类休闲及其他特色休闲等类别。

特色农业类休闲：花卉休闲游、林果采摘游（草莓、苹果等）、休闲牧业游等；

亲子类休闲：儿童游乐+亲子活动、亲子乐园、萌宠乐园、番茄庄园、亲子DIY（自己动手）等；

运动类休闲：赛场、农业主题马拉松、趣味运动会、田园风筝节等；

文化类休闲：农俗+民俗风情农耕文化馆、农耕文化主题农庄、民间技艺、民族村落（中华民族村）、乡土艺术主题民宿等；

科普类休闲：自然教育+农业科技展示、农业科普教育、自然教育、科技农业园区、创意农业园等；

其他特色休闲：婚礼主题、农业嘉年华、乡村音乐节、乡村市集等。

（三）智慧科普型规划

随着互联网、物联网等信息技术及智慧设备在农业中的广泛应用，智慧农业成为农业转型升级的新途径。智慧农业运用现代科技手段进行农业生产种植，包括智能温室农业、无土栽培、精准农业等现代农业生产和经营内容，具有规模化、产业化、精准化等特点。

智慧科普型休闲农业是基于农业科技内涵，以智慧农业为核心，集科技展示/示范、旅游观光、科普教育及休闲娱乐功能于一体的一种综合开发模式。智慧科普型休闲农业注重延伸科学教育功能，强调智慧科普的同时也强调娱乐参与性，通过体验化产品打造满足游客对科技的探秘和好奇，同时也成为智慧农业的重要宣传窗口。

产品类型：智慧科普型开发模式下，根据主要服务功能来看，一般分为科技观光、科普教育、农业科研、休闲游乐等产品类别。

具体项目：科技观光。技术展示智慧农业园、智能温室、智能生态农场等、智慧农乐园、AR主题乐园（现实主题乐园）、科技DIY（自己动手）、主题餐厅、主题农事节庆等。

开发要点：科技农业资源、科普教育及休闲旅游功能的深度融合是智慧科普型休闲农业开发的关键。在具体实施过程中，应充分利用农业新科技及智慧化管理，并结合农业田园风光、农耕文化等资源，形成"科技+农业+教育+旅游"的创新型产品谱系。

（四）田园养生度假规划

近年来，随着人们旅游观念的转变，休闲度假逐渐成为一种趋势，依托蓝色天空、清新空气的乡村田园养生度假受到都市人的追捧。度假型休闲农业以"农作、农事、农活"的体验为基本内容，重点在于享受乡村的生活方式，借以放松身心，达到休闲的目的。通常来说，主要由度假农庄提供田园养生度假服务，并同时提供乡间散步、爬山、滑雪、骑马、划船、漂流等观光、休闲、娱乐、康体、养老等多种配套产品，以丰富乡村度假内容，满足多样化度假需求。

产品类型：田园养生度假休闲农业的主要产品类型有农事体验、绿色生态美食、特色住宿、田园养生、运动休闲等。

具体项目：农事体验、田园生活、开心农场（种植、采摘、垂钓）、田园牧歌、养老庄园等。

住宿载体：特色农家院和客栈、渔家村、酒庄、木屋、乡村帐篷等。

绿色生态美食、食疗养生：农村集市、有机餐厅、新农村怀旧餐厅、温室生态餐厅、农家特色餐厅等。

田园养生、养老养生：保健园艺疗法、中医理疗馆、养生会所、生态健身步道等。

开发要点：田园养生。

度假休闲农业的开发主要有四个要点。

（1）多主体共同开发。田园度假休闲涉及乡村住宿、特色餐饮、养生养老产品等诸多方面，其开发需要村集体、村民、企业的配合，形成共担责任、共享利益的开发结构。

（2）闲置资产的利用。在大规模乡村人口进城的背景下，乡村出现大量的闲置房屋、土地，这些闲置资源的充分利用有利于缓解我国用地矛盾，保护耕地资源，增加农民收入，助力乡村振兴。

（3）打造田园度假产品独特的"乡土味"。从某种意义上说，田园度假是一次对乡土文化与生活的体验，因此，田园度假产品应通过材质、建筑形态等营造淳朴的乡村氛围，从文化活动、餐饮配套等方面形成乡土的生活方式，让旅游者体会本真的乡土味。

（4）高品质的乡村度假生活。"乡土味"不等于低端的产品服务，田园度假应在"乡土"基础上，提供丰富的现代休闲配套设施和高端的度假服务。

需要说明的是，具体到某个休闲农业项目的开发，可能涉及艺术观光、主题休闲、科技农业、田园养生等多个层面，在实际操作中，不同项目需要根据其自身的现实条件综合考量，选择最合适的开发模式。

第四节　乡村旅游规划的创新路径

一、川渝乡村旅游协同发展的条件

川渝乡村旅游协同发展，意指四川、重庆乡村旅游要素集聚，形成合力，推动川渝乡村旅游从无序到有序、从低级到高级的动态变化。作为一个区域乡村旅游系统，川渝具备协同发展的基本条件，具体包括以下四个方面。

（一）文化的亲近性

乡村旅游区域协同是由组织旅游活动的相应机构、设施、旅游景点等构成的以旅游资源为基础的有机经济体，其体系内各要素相互依存、互为条件，因此文化的亲近性是其协同发展的先决条件和基础。文化的亲近性在川渝地区主要表现为文化的同源性。重庆、四川两地的巴蜀民风民俗久负盛名，神秘而璀璨，如玄幻的巢居干栏吊脚楼文化、古驿道与南北丝路文化、栈道与窄桥文化、梯田文化、林畔竹居文化等，都是典型的巴蜀文化。但两地的文化又有不同之处，四川讲求休闲娱乐，重庆充满江湖气息。求同存异使川渝乡村旅游协同发展具有比较优势，为增强两地乡村旅游竞争力、促进区域经济发展奠定了坚实的基础。

（二）乡村旅游资源优势互补

川渝乡村旅游资源的互补性，即旅游资源禀赋在旅游发展过程中的关联性与互补性。旅游资源的种类差异与分布差异，使两地形成了各异的旅游特色，使人们产生旅游动机。川渝乡村旅游地方特色鲜明，客观上为不同旅游产品的开发创新提供了资源条件。2020年，文旅部重点推出包括重庆10条、四川10条在内的300条全国乡村旅游精品线路。拥有丰富乡村旅游资源的四川省已有32个村入选国家乡村旅游重点村名录，在全国乡村旅游规模效益排名中位居前列。（见表7-1）

表7-1 四川、重庆乡村旅游重点村及精品乡村旅游线路

	乡村旅游重点村（个）	乡村旅游精品线路（条）
四川省	32	10
重庆市	29	10

（三）交通的便利性

川渝乡村旅游资源的互补性，将加速区域间旅游要素横向运动，促进区域间双向开放、双向互通，使区域内乡村旅游整体效益在市场经济运行机制的作用下大幅提升。区域间乡村旅游资源的互补性是旅游景区之间产生空间互动的先决条件。但是，仅有区域间的旅游资源互补是不够的，这不一定能让旅游景点之间产生交流和联系。构建地域旅游体系，还必须借助交通工具，确保旅游景点之间的可移动性和地域旅游联合席位的形成。观光区间的距离及交通的通达度，会对观光区间的紧密联系形成制约。

2021年12月10日，国家发展改革委印发实施《成渝地区双城经济圈多层次轨道交通规划》（以下简称《规划》）。《规划》是为贯彻落实《中华人民

共和国国民经济和社会发展第十四个五年规划和 2035 年远景目标纲要》《成渝地区双城经济圈建设规划纲要》《成渝地区双城经济圈综合交通运输发展规划》等战略部署，共建轨道上的成渝地区双城经济圈，推动成渝地区轨道交通规划建设，促进干线铁路、城际铁路、市域（郊）铁路、城市轨道交通融合发展编制的规划，具体见表7-2。

表7-2　成渝地区双城经济圈多层次轨道主要指标（2025年）

指标分类	指标名称	2020	2025
规模指标	网络规模（公里）	7000	>10000
	其中：铁路总里程（公里）	6400	>9000
	高铁总里程（公里）（含时速200公里及以上）	1900	>3200
结构指标	轨道交通承担客运量占比（%）	18	>24
	轨道交通承担货运量占比（%）	3.2	>10
覆盖指标	20万人口以上城市铁路覆盖率（%）	—	100
	大型综合交通枢纽衔接率（%）	90	100
时效指标	成都、重庆都市圈内可达性（小时）	2	1
	成都、重庆与区域中心城市间可达性（小时）	3	1.5
	成都、重庆与相邻城市群核心城市可达性（小时）	3-5	3

第一，轨道交通总规模达到1万公里以上。《规划》指出，到2025年，初步建成轨道上的成渝地区双城经济圈，进出川渝四向通道基本形成，形成功能清晰、布局合理的设施"一张网"，点线协调、衔接高效的枢纽"零换乘"，客货并重、联程联运的运输"一体化"。轨道交通总规模达到1万公里以上，其中铁路网规模达到9000公里以上、覆盖全部20万以上人口城市，形成重庆、成都都市圈1小时通勤圈，实现重庆、成都"双核"间1小时通达，"双核"与成渝地区区域中心、主要节点城市1.5小时通达，与主要相邻城市群核心城市约3小时通达。

大宗货物年运量150万吨以上的大型工矿企业、新建物流园区铁路专用线力争接入比例达到85%，长江干流主要港口实现铁路进港。轨道交通承担客运量、货运量占比大幅提升，有力支撑沿江货运通道、中欧班列、西部陆海新通道高质量发展。

到2035年，成渝地区双城经济圈基础设施互联互通基本实现，干线铁路、城际铁路、市域（郊）铁路、城市轨道交通等多层次轨道交通网络高度融合、枢纽无缝衔接、运营智能高效，运输组织水平、科技和体制创新能力位于国内前列，轨道交通全面发挥客运和货运骨干作用，支撑引领区域一体化发展。

第二，实现"四网融合"。《规划》要求，以重庆、成都"双核"为中心，成渝主轴为骨架，统筹干线铁路、城际铁路、市域（郊）铁路、城市轨道交通规划布局和衔接，加快补齐城际和市域（郊）铁路短板，发挥不同轨道交通特点和优势，适应多种运输需求，构建层次清晰、功能明确、布局合理的多层次轨道交通网络。按照"网络有机衔接、功能服务兼容、时序远近适宜"的原则，推进多层次轨道交通"四网融合"。

同时，要充分利用现代信息技术手段，强化铁路货运服务，促进轨道交通与城市功能融合，构建高水平轨道交通体系，推进各层次轨道交通高效融合、管理协同、绿色发展，提升运营服务水平和出行体验。

（四）国家政策助推

国家出台的相关政策为乡村旅游协同发展提供了巨大的便利。2020年1月3日，成渝地区双城经济圈建设正式纳入国家战略。在此之前，成渝协同发展也一直备受国家关注，如表7-3所示。

表7-3　国家战略规划——成渝地区

时间	成渝地区战略规划相关部署
2005年	成渝地区经济圈首次被纳入全国四大板块
2007年6月	成渝经济带的发展正式升级为全面、紧密地联系国家战略全局的发展
2011年	成渝经济区的区域规划正式获批
2015年	国家发展改革委协同重庆市、四川省，以及住房城乡建设部共同完成《成渝城市群发展规划》的编制工作，并于同年上报国务院

续表

时间	成渝地区战略规划相关部署
2016年3月30日	《成渝城市群发展规划》获批，明确规定了成渝城市群的五大任务
2016年4月中旬	《国务院关于成渝城市群发展规划的批复》，进一步规定了成渝城市群的主要发展战略目标、重点与着力点、推进规划工作主要抓手和工作切入点，首次对具体规划的研究制订和组织实施作出了明确的安排
2020年	成渝地区双城经济圈建设正式纳入国家战略

二、川渝乡村旅游协同发展的问题

（一）主体角色模糊，责任意识有待加强

川渝乡村旅游在协同发展中存在分工模糊的问题。各主体基于自身的考量参与乡村旅游的发展与改革，但因政府、企业、村民等角色定位不明确而产生责任缺失，致使问题无法解决。比如说，外来投资者只顾投资分成，置乡村产业的整体发展、村民的应有权益以及乡村环境于不顾，这必然会损害其他参与主体的合法权益。因此，在多方主体参与的乡村旅游协同发展过程中，每个主体都担负着一定的责任，都是管理过程中不可或缺的一环，只有各主体进行运作良好的通力合作，乡村振兴的进程才能顺利推进，村民的经济发展与幸福生活才能得到保障。如果某一方在利益追求上一味夸大自己的定位或者急于求成，那乡村发展的进程必然会受到阻碍，甚至陷入难以为继的窘境。所以要想推动乡村旅游业协调健康可持续发展，首先就必须理顺各方关系。通过建立多元治理机制来实现"各尽其职，各负其责；众志成城，同心同德"的目标。

（二）专业人才缺失，利益分配矛盾较为突出

随着城镇化的发展，农村老龄化、空心化问题已十分普遍，成为制约农村经济发展与乡村振兴的主要问题。青壮年劳动力向外寻求发展机会，谋生活，求发展，随之而来的便是村中留守老人成为乡村发展的"主力军"。一方面，这使得乡村旅游协同发展缺乏应有的人力资本，投入不足，产能无法发挥；同时，无人继承村内传统文化，使得乡村特色逐渐丧失。另一方面，缺乏乡村旅游的专业管理人才，这会使得管理过程更加困难，乡村旅游发展过程中的资金投入与基础设施建设必定会受到影响。

从现实情况看，贫困村转变为乡村旅游示范村，一直以来，资金都起到了最为基本的促进作用。资金是农村经济活动得以开展和实施的前提和保障，也是促进乡村旅游业快速发展的关键要素之一。从资金投入到利益分配，各个环节直接决定了地方乡村旅游的发展方向。目前，我国大部分地区乡村旅游发展仍处于初级阶段，其融资渠道也呈现出多样性和复杂性特征。资金来源呈现多样化，如村民自愿入股、集体产业收入、政府财政扶持和外来企业投资等。这些来源渠道不仅为实现"村改居"后农村地区的经济增长和社会和谐提供了基础保障，而且也对我国当前的脱贫攻坚政策产生一定影响。但资金来源多样化无法解决乡村旅游协同发展的全部难题，资金短缺、基础设施不全等仍是当前乡村发展进程中面临的重大问题。

最后，利益分配问题依旧存在。一是多方主体参与乡村治理，却没有明确的角色定位，使得治理初期的权责分配受到挑战；二是村民普遍存在固有观念，投资商业坚持利益至上的原则，易产生利益纠纷，阻碍乡村旅游的发展。

（三）规范化程度不高，需进一步健全完善制度机制

行业不规范、政策执行难等问题，是制约乡村旅游合作的主要障碍。第一，对于乡村而言，旅游行业起步晚，本身管理经验不足，也没有人辅导；第二，角色缺位造成了责任缺位的问题，导致乡村旅游协同发展进程存在管理漏洞，乡村经济发展受阻。

在这些既存的问题面前，需要采取诸多措施。第一，专业管理人才的引进，建立行业规范。例如，餐饮、消防方面的安全问题，就必须加强监督；个体民宿在安全和服务方面也应该兼顾到位，给旅游者营造一个舒适的旅游环境。第二，参与方应在乡村旅游协同发展治理过程中完善协商制度，尽快健全管理机制，使解题有依据、有方法。第三，政府要加大对基层监管力度。加强与村集体经济组织之间的联系，让他们参与协调工作；通过村规民约来约束村民行为，提高其自我管理能力；完善相关法律法规，为实现可持续经营提供法律保障。第四，作好宣传引导，增强各方主体责任感。

三、川渝乡村旅游协同发展的策略

（一）加大资金投入，完善旅游基础配套设施建设

农村普遍存在着资金不足、无法进行农村基础设施建设的问题，使基建工作处于停滞不前的状态。目前，应加强招商引资，改善基础设施建设，以推动川渝乡村旅游协同发展。在企业的推动下，鼓励乡村旅游经营主体到银行争取融资支持；积极发挥政府在乡村旅游产业中的引导作用，制定扶持政策，建立相关制度规范乡村旅游，使乡村旅游能够得到持续快速发展。积极招商引资，并加强同有投资意向的企业的联系，与客商洽谈；增加引进民间资本力量，巩固川渝乡村旅游协同发展资金基础，采取合作入股方式，投资发展乡村旅游项目。

注重服务水平，提高服务质量，以吸引更多旅游者前来体验。政府相关部门需要倾听旅游从业者和游客的心声，制定出完善而科学的乡村旅游服务设施更新方案。要做好宣传工作，吸引更多旅游者前来体验，提高乡村旅游服务水平，促进我国旅游业快速发展。升级交通，强化科学规划道路建设，积极提高道路品位；加大公交服务建设力度，同时还需增加旅游专线；完善配套服务设施，提高服务水平；注重景区景点的绿化、美化，重视生态环境

保护，优化乡村旅游设施的建设；增设道路指示牌，让游客畅通无阻。在此基础上，还需注重改善环境、优化功能、完善配套设施等方面的工作，以提高乡村整体形象，进而改造提升与人民群众生产生活相关、影响旅游者满意度的基础设施。

（二）健全顶层规划机制，充分发挥政府助推作用

发展乡村旅游需要专业人才，从而使景区的服务水平得到全方位地提升。就推动川渝乡村旅游协同发展而言，打造专业人才队伍，优化服务质量至关重要。在实践中，应做到以下几个方面：

强化人才关注，鼓励有乡村旅游专长的地方高校毕业生返乡创业，以招才引智等方式招贤纳士。提高引进人才薪资待遇和出台相关优待政策激励其多劳多得。打造乡村旅游人才库，可以通过建立健全人才储备制度，以及定期开展从业人员培训等方式进行。

借鉴与参考发达地区的经验与做法，强化政府、学校以及企业的协作。由政府牵头，在乡村旅游工作中，企业和院校之间建立合作关系，共建教育与实习基地，让从业者学习到专业的旅游知识，提升专业技能与服务水平，以先进理念为指导，引领乡村旅游各产业发展。

（三）挖掘文化内涵，打造乡村旅游品牌

创建融入本地区文化协会的特色旅游项目。打造高质量、有文化内涵、有特色的旅游项目，展示乡村人文之美，重点在于文化根基的延续和文化社团的激活。在实践中应做好以下工作。

一是深化地方特色自然与文化资源建设，与本地自然资源及旅游服务相结合，着力打造以二者共同定位的旅游项目，创建地方文化特色旅游项目；或者通过提升乡村旅游项目对文化社团吸引力，创建地方特色旅游项目。

二是提升乡村旅游产品质量，注重营造充分发挥乡村文化内涵的氛围、继承乡村历史文化、融合现代元素，打造特色乡村文化旅游项目与品牌。

三是多关注乡村旅游创新与文化创意，把文化创意融入乡村景观、乡村

美食中，实现乡村生产与文化创意的深度融合，创建知名乡村旅游品牌，扩展当地旅游发展空间。

（四）加大宣传力度，扎实做好营销活动

利用各种方法，加大宣传力度，增加影响力。比如借助营销技术适时开展"内部培训"，借助网络传播和新媒体之力强化民宿叙事与传承等，创造不一样的民宿来吸引旅游者。在此基础上，应该关注如何利用互联网来实现民宿营销中的精准定位。选择商品的决策在很大程度上是依据旅行社或者其他营销渠道对商品的说明做出的。在旅游过程中，旅行社应尽可能为游客创造良好的体验，让他们对目的地产生兴趣并愿意花费时间来寻找这种刺激。为满足消费者需求，促进乡村旅游业繁荣，提供精确而详尽的资料至关重要。不同的乡村旅游目的地都可以按照自己的特色，采取针对性营销方式，如微博、短视频和直播，与不同游客群体建立联系，开展乡村旅游品牌系列活动，对于旅游景点、美食以及乡村特产、经典乡村旅游线路等进行系统宣传推广。

四、川渝乡村旅游协同发展的长效机制构建

（一）构建乡村旅游发展的创新机制，发挥市场的主导作用

按照经济学理论，在市场经济活动中，商品价值是由社会必要劳动时间决定的，乡村旅游同样如此。因此，应大力支持和鼓励乡村旅游经营业户按照当地农产品、文化、环境等优质要素，努力争取"人无我有""人有我优""人新我特""人贵我廉"的竞争优势，在降低成本、开拓市场、以人为本、争创品牌、提升竞争力等方面，充分发挥市场裁决作用，适者生存，确保生产要素流向劳动生产率高、经济效益好的乡村旅游经营业户，实现乡村旅游资源的优化配置。

多维度创新也是乡村旅游协同发展的重要手段之一，除了创新旅游产品与服务之外，还要创新营销渠道。例如，转变传统的宣传方式，搭乘互联网的新风，利用乡村自媒体进行宣传。

（二）健全乡村旅游开发顶层规划设计机制，充分发挥政府助推作用

首先，川渝乡村旅游分属两个不同的行政单位，政府应结合实际情况，针对川渝乡村旅游存在的具体问题，制订专门化、针对化的川渝协同发展整体规划，充分发挥政府的助推作用，形成可行的路径，促进区域乡村旅游更好地协同发展。

其次，构建川渝乡村旅游协同发展的联动机制，确保能清晰、迅速地解决跨区域的协同发展问题，成功开展跨省合作。

再次，加强川渝两地联系，完善沟通协调机制，统筹协调川渝两地乡村旅游产业规划编制与实施等事项，实现决策共商与共享共建。

最后，要制定川渝乡村旅游协同发展的组织规章，发挥政府的监督管理作用，提升乡村旅游各环节管理人员与服务人员的专业水平，形成保护环境与发展经济的合力，构建川渝乡村旅游协同发展的路径，形成区域乡村旅游协同发展的机制。

（三）坚持利益共享机制，引导社会各界积极参与

要防止村民利益被侵占现象的发生。村民是乡村旅游协同发展过程中的主体，合理分配村民与投资者的利益，让农民得到实惠是重中之重。只有确保乡村旅游协同发展各个环节的成果与村民共享，才能调动村民的积极性，引导村民积极参与乡村建设。

区域乡村旅游协同发展离不开旅游开发商，只有引导企业参与乡村旅游协同发展，城市的资金和人才才能在乡村旅游协同发展中发挥作用。因此，一方面要维护村民利益，另一方面要重视旅游开发商的合法权益，建立诚信合作基础，建立监督和违约惩戒机制，促进区域乡村旅游长效发展。

第八章　乡村旅游规划设计实践

　　本章以四川省广安市岳池县苟角镇大梨树村乡村振兴示范点规划设计实践为研究对象，积极践行习近平总书记"两山"理论，做好生态、文化、产业深度融合文章，盘活并有效利用现有乡土资源，从产业发展规划、乡土文化振兴、人居环境美化、乡村景观叙事等方面，对乡村旅游规划设计进行了详细解读，提振乡村旅游信心，进一步发展乡村旅游新模式、新业态。

第一节 苟角镇大梨树村乡村背景

一、区位条件

项目位于苟角镇，岳池县东部，是区域中心城镇，距县城23公里，辖区面积77.43平方公里（图8-1）。东接广安区，距邓小平故里15公里，水陆两通，与南充的高坪、蓬安毗邻，西连花园镇，距岳池县城6公里，沪蓉高速公路（G42）横穿镇境，交通便利。

岳池粮油现代农业园区占地范围约16平方公里，约1603.45公顷。毗邻全民水库，南北长3.5公里，东西长6公里。项目靠物流轴线（蔬乡大道），西临岳池县粮油现代农业园，南侧为全民水库（白云湖、红星水库）北为苟角场镇。地理优势明显，自然资源丰富，交通便利。

可依托白云湖国家湿地公园开发契机，开发周边湿地旅游资源，发展现代生态农业旅游，带动周边村落打造旅游新村。

国土空间片区分布，全镇分四个片区，分别是：环场镇融合发展区、粮油产业发展示范区、粮菜产业发展区和白云湖生态农业及涵养区。本设计遵从岳池国土空间规划"三区三线"控制要求。

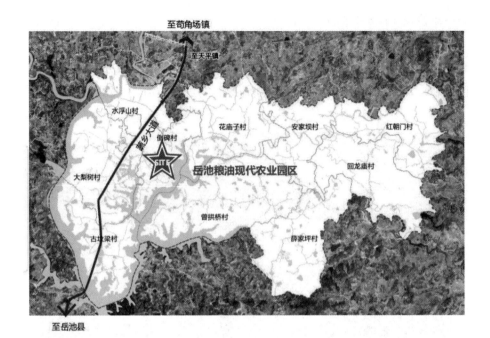

图8-1　岳池粮油现代农业园区概况图

二、场址现状

（1）项目位于岳池县苟角镇大梨树村，白云湖国家湿地公园沿岸，占地面积约1200亩（图8-2、图8-3）。

场地平坦，视线开阔，农业基础设施较好。因此邻稻香路，交通便捷，沿湖已形成2米宽滨水步道，村道、步道纵横交错，可达性好，乡村自然风貌保留良好。

（2）现有基本农田地势平坦开阔，高标准农田建设推进（图8-4）；

（3）现存蓄水高塔、视线和标志性极强（图8-5）；

（4）村落与农田、水塘、林带相伴，自然乡村风景优美，有一定的观赏价值；水资源丰富，水塘、鱼塘分散，水体驳岸生硬，部分水质较差，需进行生态修复（图8-6至图8-7）；

（5）乡村道路通达，灌溉、污水处理、垃圾处理等基础设施配套不完善，文化、活动空间缺失，居民精神需求难以满足，公共服务设施、开放空间欠缺，部分农舍破旧，存在乱搭建情况，需进行整治。（图8-8—图8-9）

图8-2　场址现状鸟瞰图

图8-3　全民水库现状鸟瞰图

图8-4　高标准农田现状鸟瞰图

图8-5　水塔现状

图8-6 村落、农田、林带和水塘现状

图8-7 酒坊现状

图8-8　农舍现状

图8-9　科普馆现状

（6）地形地貌

场地主要以浅丘、梯田为主，地形平缓，坡度变化幅度小，主要集中在15%～25%。场地高程：最高点348.30米，位于场地中部，居民聚集区，最低点332米，位于场地西南端，场地北侧较平整338～340米，主要为高标准农田（图8-10）。

图8-10　浅丘地形

（7）气候

属典型的中亚热带季风气候区，四季分明，春旱、夏热、秋凉、冬暖。年均日照为1139小时，无霜期年平均341天。年均总降水量为1010.25毫米，年均降水日数为147天，5～100毫米的20天，100毫米以上的6天，其余在40毫米以下。

（8）水文

场地内水系发达，水塘交错，水资源丰富，毗邻西溪河、全民水库，农业灌溉水渠资源较为发达。

（9）植被

场地有耕地、梯田、坡地、荒地（茅草）、水塘等，主要有粮食和油料作物，松树、青冈树、竹林、茅草、柚子等。

三、旅游与文化资源

苟角镇现已呈现出新型小城镇特征，近年来，镇政府对乡村旅游工作尤为重视，通过对镇域内旅游和文化资源的不断梳理，其地域性品牌的影响力日益提升。新农村的"农家文化旅游带"，碧绿的全民水库、诱人的田园风光、传统的川北灯戏、星罗棋布的"农家乐"吸引了众多游客来此休闲度假和旅游观光，已成为岳池一道亮丽的旅游风景线。

（一）书法之乡

苟角镇是广安市唯一一个以书法命名的四川民间文化艺术之乡，依托"书法"这个地域性品牌，通过成立县书法协会苟角分会、建设苟角书法学院、举办书法培训班等一系列活动，不断加强苟角书法的影响力。

（二）中国川菜地道食材基地

高起点、高标准规划城乡一体化融合发展试验区。建设完成田土调型9000余亩，栽植水稻4000亩，蔬菜7000亩，蜜梨750亩。建成优质水果基地2000余亩、珍稀苗木基地1000余亩，中药材种植基地500余亩，水产养殖基地300余亩，藤椒基地300余亩。

（三）竹编艺术

四川是竹子的主产地，从古至今，四川人根据生产生活的需要，创造了灿烂的竹编文化。苟角人心灵手巧，擅长竹编工艺，盛产手工竹席，历史悠久，工艺精湛，享"川北席乡"之美称。

（四）地道美食

苟角小吃及土特产声名远播。生态食材，八大碗、烤鸭、鳝鱼美食，品农家宴。苟角烤鸭传统工艺精制，色鲜味美、韧性强、口味独特。八宝蛋、油豆腐、米粉、牛皮豆腐干、小笼粉蒸、豆花饭、梳儿糕、黄凉粉、粽子、热糍粑、冰粉、凉虾、锅盔等岳池小吃更是深受群众喜爱。

第二节　苟角镇大梨树村乡村旅游规划设计构思

一、项目缘起

岳池县苟角镇大梨树村的"张家院子"作为我国著名工程院院士张军的故居，是岳池县苟角镇重要的文化振兴载体。规划设计以此为核心，将张家院子打造为"院士书屋"，建设成为岳池及广安周边地区青少年的学习教育基地、科技教育和家庭教育基地。吸引周边学生家长带领自己的小孩到苟角看院士小时候的读书环境，到苟角圆航天梦，激励孩子们从小树立飞天梦想，才能在人生成长旅途中持续翱翔，从而吸引人群到苟角现代农业园区来体验现代农业现状，推进乡村振兴中的农旅有效结合。

二、设计依据

《中华人民共和国城乡规划法》《苟角镇总体规划》《岳池县粮油现代农

业园区总体规划》、其他相关国家及地方规范、条例，甲方提供的资料及设计要求，实测地形图。

三、设计原则

（一）生态优先原则——注重保护，兼顾效益

生态保护是当前乡村建设的重要趋势，尊重原有地形地貌、水体及植被，充分优化利用自然资源，突出乡村风貌改造，强化提升区域内生态系统。

（二）因地制宜原则——以旅哺农，以城带乡

突出生态规划理念，在尊重乡村原有地形地貌的前提下营造景观。从立地条件出发，因地制宜，采用多种本土植物及本土特色农业为主打造乡村特色景观，并达到改善人居环境的目的。

（三）以人为本原则——融入人文，创新理念

从使用者的需求出发，强调景观环境实用性和可视性的结合，注重人的感受和体验，从听觉、视觉、嗅觉、触觉等人的直观感受出发，使景观与场地尺度符合人的行为和心理要求，打造更完善的乡村旅游配套设施。

四、项目定位

（一）市场定位

坚持农地农用，突出农业特色，发展现代农业，促进产业融合，挖掘农业多元属性，拓宽非农功能，实现"农旅文"深度融合，以农促旅、以旅强农、以文创促销售树品牌，持续推进农村一、二、三产业融合发展。

1.农产品市场

牢固树立"新鲜·品质·绿色·美味"的理念，紧盯周边城镇居民和广安、重庆主城市民，为市民提供鲜活健康食材，为游客提供农业休闲产品。

2.农文旅市场

旅游对象——家庭游客、情侣旅客、城市游客
活动特征——假日休闲、亲子活动、浪漫度假
　　　　　　文化体验、拓展活动、农场采摘
主要活动——农业科普、耕育体验、果园采摘
　　　　　　乡村运动、文化研学、拓展体验
　　　　　　艺术稻田、风景拍摄、休闲垂钓
　　　　　　特色餐饮、健康饮食、野营烧烤

（二）规划定位

1.定位

岳池粮油现代农业园区·乡村振兴示范点，依托苟角书法、粮油园区、竹编艺术、农家美食"地域品牌"，以"乡贤文化"为核心，突出"书法文化""耕读文化"内涵，打造"耕育田园体验"特色，展示乡村居民的"生产、生活、生态"场景。

为了突出岳池粮油现代农业园区农业本底，依照陶渊明《归园田居》所描绘的意境打造，挖掘乡村人文资源和自然资源，传承农耕文明，大力激发乡土文化活力。

以苟角"乡贤文化"传承为核心，突出"崇尚书法、耕读传家"的乡风传统，"上善若水、厚德载物"的处世态度，彰显本土文化特色，助推乡村发展，打造生态文明"美丽乡村"。

2.目标

借力片区发展，营造乡土景观，创造美丽乡村，实现经济效益。依托现有道路网骨架，完善公共配套设施（生态停车场、旅游厕所、导览系统：标识指示牌等设施）和串联交通路网环线系统，通过新农村建设、旅游环线建设、人居环境整治，构筑绿色慢行开敞空间，优化乡村旅游空间格局。

秉承"农业+"生态建设理念，打造成一个集文化展示、农业示范、农耕体验、休闲娱乐等产业于一体的现代化都市农业综合园区（示范基地），实现一、二、三产业融合发展，助推乡村振兴！

第三节　苟角镇大梨树村旅游规划总体规划布局

一、总平面布置

项目总规划面积为2027.49余亩（核心区1200余亩）（图8-11，图8-12）：主要规划建设"一心（全民水库）、双轴（S203蔬乡大道、稻香路）、两核（粮油生产基地、乡贤馆/院士图书馆）、四区（农耕产业区、田园体验区、文化展示区、滨水休闲区）、多环线（骑行绿道、滨水步道）"（图8-13）。

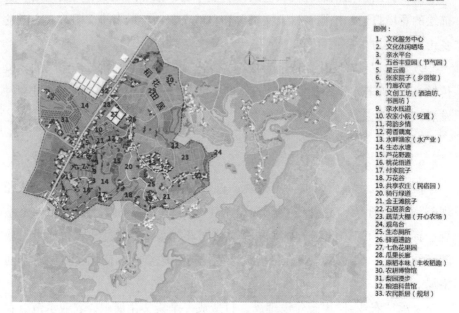

图例：
1. 文化服务中心
2. 文化休闲晒场
3. 亲水平台
4. 五谷丰登园（节气园）
5. 星云阁
6. 张家院子（乡贤馆）
7. 竹廊农趣
8. 文创工坊（酒油坊、书画坊）
9. 亲水栈道
10. 农家小院（安置）
11. 荷香乡情
12. 荷香藕寓
13. 水畔渔家（水产业）
14. 生态水塘
15. 芦花野趣
16. 桃花街道
17. 付家院子
18. 万花谷
19. 共享农庄（民宿园）
20. 骑行绿道
21. 金王湾院子
22. 石屋茶舍
23. 蔬菜大棚（开心农场）
24. 观鸟台
25. 生态厕所
26. 驿道遗韵
27. 七色花果园
28. 瓜果长廊
29. 原稻本味（丰收稻趣）
30. 农耕博物馆
31. 梨园漫步
32. 粮油科普馆
33. 农民新居（规划）

图8-11　总体规划平面图

图8-12　总体规划鸟瞰图

规划结构

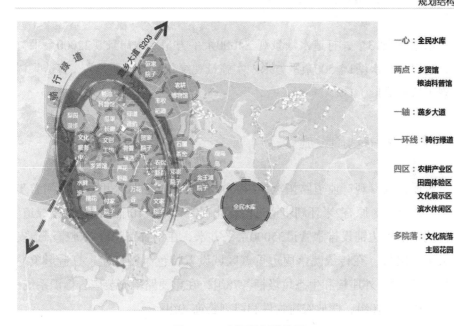

一心：全民水库

两点：乡贤馆
　　　粮油科普馆

一轴：蔬乡大道

一环线：骑行绿道

四区：农耕产业区
　　　田园体验区
　　　文化展示区
　　　滨水休闲区

多院落：文化院落
　　　　主题花园

图8-13　空间规划结构图

（一）改造传统老旧院落

完成岳池县粮油现代农业园区传统院落乡贤馆、院士图书馆室内装饰展，及改造周边环境和完善基础设施。将传统院落周边4个老旧院子和农房改造成酒坊院子、文创院子、粮食院子和田家院子，并与群众建立好利益联结机制，实现收益共享。

（二）配套休闲设施

改造（新建）公厕2个，改造景观水塔1个，建设公路景观桥1座。建设绿道驿站4个，瓜果长廊1个，竹廊农谚1项，莲里廊桥1座，浮香亭1个，古树水井1个、亲水木平台5个，生态观测台1个，木栈道500米，院坝改造4410平方米，仿古堡坎挡墙200米，学堂广场1个。

（三）生态治理和绿化景观

水塘治理13个，打造水塘景观84000余平方米、水岸景观22000余平方米，建设生态水塘1个500余平方米。实施景观绿化3500余平方米，打造果树景观（植物造景）1项。

（四）完善基础设施

对项目区参观产业道路拓宽，约9000平方米，建设2公里场地田间游步道和木栈道，对原有2米环湖步道进行优化提升，形成10千米沿湖健康绿道。在传统院落周边铺设排水管道35000余平方米，在稻香路和沿湖健康绿道安装太阳能路灯，在传统院落周边重点区域设置特色氛围灯光。打造形象标识1处，设置户外座椅和生态垃圾桶各78组，在重要路段安装广告标识系统，打造稻草景观10组，摆放农耕物件和雕刻装饰30组。

（五）完善乡村文体设施

结合稻香路沿线及白云湖湿地公园景观现有规划景点，丰富农民文化生活，在预选的舞台区域装配相应的声光电数字媒介等，为每年群众日常文娱活动和各类大型群众性活动提供场地。主要依托原有山体、水塘、道路，均不涉及占用基本农田。

二、空间功能分区

本项目规划建设四个区，分别为农耕产业区、田园体验区、文化展示区及滨水休闲区（图8-14），具体内容如下：

（1）农耕产业区：以水稻、粮油、蔬果基地等种植区为主，以稻田景观为主的生产功能区。

（2）田园体验区：以耕育文化展示、民俗活动为主，体验传统居民生活乐趣的功能区。

（3）文化展示区：展示乡贤文化、粮油文化、书法文化等院落群组成的文化展示区。

（4）滨水休闲区：以渔村观景、水岸休闲、骑行绿道等功能为主的慢生活休闲区。

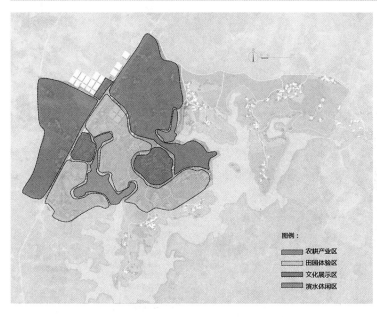

图8-14 空间功能分区图

三、交通规划

本项目大部分场地是临G42而建，场地进行施工时，运输类型为公路运输，运输工具为汽车。设计以原地貌为基础，再以土石方平衡为原则将场地适当挖填，室外场地的连接方式采用平坡式，场地内交通系统规划内容主要涉及车行系统和人行系统两个部分。

（一）车行系统

乡道：为乡镇、村庄及外部交通联系；硬化拓宽车道4—5米，作为农舍主要车行道路，考虑到综合绿色骑行环道游憩功能，设置招呼站、停车场和水码头，完善交通及旅游配套设施（图8-15）。

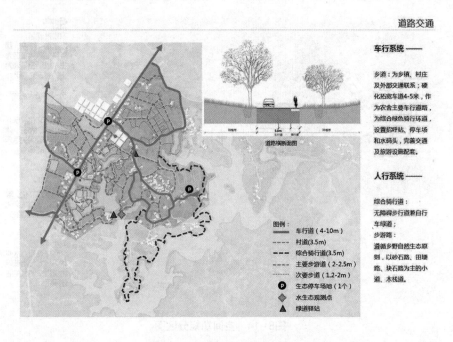

图8-15　交通规划布局图

（二）人行系统

综合骑行道：无障碍步行道兼自行车绿道；步游路：遵循乡野自然生态原则，以砂石路、田埂路、块石路为主的小道、木栈道。

四、公共服务设施规划

为了满足乡村旅游发展的长期目标，苟角镇大梨树村的公共服务设施系统进行了整体规划，包括乡村基础设施、乡村文化设施和乡村生产、生活设施（图8-16、图8-17）。

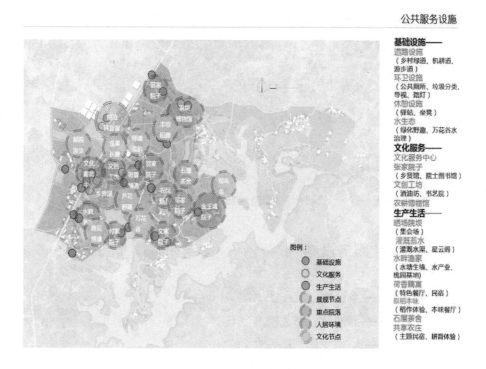

图8-16　公共服务设施规划布局图

（一）基础设施

道路设施——村绿道、机耕道、游步道

环卫设施——公共厕所、垃圾分类、导视、路灯

休憩设施——驿站、座凳

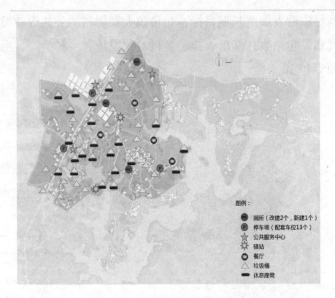

图8-17　服务配套设施布局图

（二）文化服务设施

张家院子——乡贤馆、院士图书馆

文创院子——酒油坊、书艺院

粮仓院子——稻作文化、稻香农舍

田家院子——农业科普、自然学堂

（三）生产、生活设施

晒场院坝——集会场、文曲星宿

灌溉蓄水——灌溉水渠、星云阁

渔家院子——水塘生境、水产业

共享农庄——农耕文化、耕育体验

五、乡村产业规划

（一）农业发展思路

现代农业园区发展已初具规模，突出发展特色农产品，整合传统蔬菜粮油种植，实现规模化种植，强化品牌效应；中期着力发展经济果林等特色产业，长期结合旅游发展休闲农业、体验农园等（图8-18）。

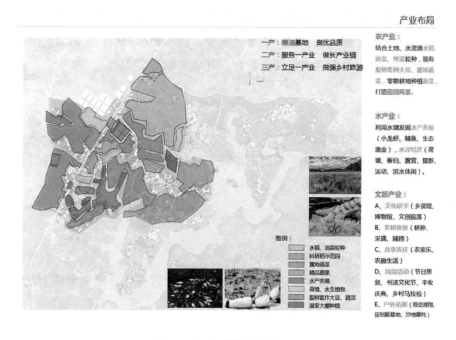

图8-18　产业发展规划图

近期：重点发展特色粮油、蔬菜种植，打造规模化、现代化农业示范基地，依托高标准、梯田农业景观，发展观光科普相结合的水稻种植、生态渔业等；

中期：重点发展特色经济作物，经济果林如桃树、梨树种植片区，推动农业观光旅游、特色采摘等活动。

长期：重点发展休闲农业，以乡村农业体验为主的旅游产品，包括张家院子及周边文化体验，全民水库滨水步道体验，农耕体验、田园认养等。形成以乡村旅游为主导，以农林观光体验为基础，以文体休闲康养为补充的新型特色产业村。

（二）园区发展方向

1.水稻产业

发展方向：水稻研究院

产业发展建议：依托现有的粮油产业，突出水稻、油菜、榨菜轮种，发展水稻研究院、现代化农业、数字化农业，将水稻从种植到成品的整个流线融入体验园中，对游客进行科普教育，开展文创研学活动。

2.蔬菜产业

发展方向：露地蔬菜

产业发展建议：大面积发展露地蔬菜、粮油、大豆、大棚花果等特色农业。既能销售创收，又为发展观光体验农业奠定基础。

3.耕读文化产业

发展方向：耕育田园体验园

产业发展建议：以农林种植业为基础，发展桃树、梨树等果林种植，融入林下经济，水产养殖产业，结合传统民居院落，形成高效的综合性产业。

第四节　苟角镇大梨树村核心景观区规划设计

　　项目核心景观区紧邻蔬乡大道（S203），面积约为1200亩（图8-19、图8-20），作为岳池粮油现代农业园区乡村振兴示范点，其重要性不言而喻。区域内重要建设项目包括大梨树村党群服务中心（新建）、乡村文化广场、院士书屋（改建）、户外研学课堂、滨水栈道、酒坊院子、文创院子、粮食院子等。在深入理解乡土文化的基础上，突出岳池粮油现代农业园区农业本底，依照陶渊明《归园田居》所描绘的意境打造，挖掘乡村人文资源和自然资源，传承农耕文明，大力激发乡土文化活力。

图8-19　核心景观区

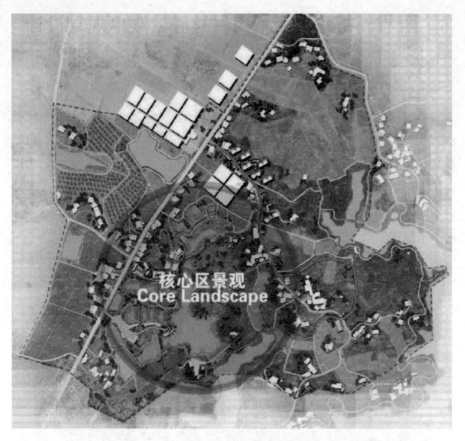

图8-20　核心景观区索引图

一、大梨树村党群服务活动中心

　　大梨树村党群服务活动中心的建成是苟角镇大梨树村发展历程的一项重要事件，在新时期，它承载着乡村未来发展的主要服务功能，包括党建、办公、村民议事、乡土文化展示等活动。活动中心建筑设计沿袭了川东建筑意蕴，建筑正立面右侧的通廊构架造型与主体建筑风格保持一致，作为通向院士书屋的主要空间引导载体，其标志性特征明显（图8-21至图8-22）。

图8-21　党群服务活动中心效果图

图8-22　党群服务活动中心实景

　　活动中心成为乡村文化对外展示、交流、输出的窗口，建筑面积约 244m²。建筑本体及通廊形成后，与周边建筑及环境天然形成一个院落（图 8-23）。建筑立面上采用川东民居元素，设计手法上体现新旧材质的碰撞，保留历史记忆的同时，赋予建筑新的文化使命。

图8-23　党群服务活动中心院落空间（乡村文化广场）实景

二、乡村文化广场

乡村文化广场是苟角镇大梨树村重要的公共户外活动空间，它位于党群服务活动中心后院，一面临水，视野开阔。由党群服务活动中心、村民农舍和院士书屋围合而成的合院空间，该场所承担了党建宣传、乡土文化展示、乡土精神传承和村民户外议事等功能。

（一）"劝学诗"文化景墙

为了充分展现书法之乡的文化底蕴，强化广场纵向景观视觉焦点，乡村文化广场上矗立着唐代书法大家颜真卿"劝学诗"的文化景墙，该景墙长7.5

米，高2.1米，左侧墙面采用仿夯土墙做法，右侧墙面则是灰砖铺贴，两种墙面采用自然过渡方式连接，乡土融合意象尽显，表现出墙面质朴、稳重之感；景墙中部的木窗设计采用中国古典园林造景中的框景手法，加强了墙面的通透性，满足远眺水景的观景之需。通过在地化设计，将乡土气息浓厚的设计元素整合到文化景墙之中，让"耕读传家"精神一代又一代传承下去（图8-24）。

图8-24 "劝学诗"文化景墙实景

（二）"二十四节气"文化地雕

"二十四节气"蕴含着悠久的文化内涵和历史积淀，是中华民族悠久历史文化的重要组成部分，它能够准确反映自然节律变化，文化地雕就是围绕"二十四节气"展开设计的。在"劝学诗"文化景墙正前方的地面上，有一面"二十四节气"文化地雕，地雕形制方正，形似砚台，长5米，宽5米，正中心为一个圆形石磨，二十四节气内容以环形矩阵围绕石磨排列。石磨作为最常见的乡村生产农具，在这里，寓意着所有农用生产工具，在一年二十四个节气中有序耕种、生产和收获（图8-25、图8-26）。

图8-25　文化地雕效果图

图8-26　文化地雕实景

三、院士书屋

　　作为核心景观区重要建设项目的院士书屋（张家院子）是苟角镇大梨树村文化振兴的主要载体，张家院子是中国工程院院士、航空交通工程技术专家张军的祖屋，其社会价值与历史价值较大，将其改建为院士书屋（图8-27、图8-28），建设成为岳池及广安周边地区青少年的学习教育基地、科技教育和家庭教育基地，文化振兴意义较大。

图8-27　院士书屋实景

图8-28　院士书屋外围步道

（一）院士书屋建筑及环境

院士书屋的建筑风格延续了川东建筑风格特征，整体建筑庄重，建筑平面呈"U"字形布局，室内空间面积约为380平方米。从建筑外部道路入口至建筑室内入口共有三层平台空间，甬道由两级梯步进行连接。在这三个平台空间中，第二层平台空间面积最大，约600平方米，是院士书屋的内院空间，其地面铺装强调建筑入口的中轴线关系，划分为甬道及其左右两侧地面。甬道铺装采用700mm×700mm规格青石砖顺铺，两侧再配以1000mm×450mm规格青石砖分界带。甬道两侧地面采用600mm×900mm规格当地的青石砖做旧工艺，并以错拼方式进行铺贴。

（二）院士书屋室内展陈空间

院士书屋的室内空间功能包括乡贤文化馆、院士图书馆、客厅、卧室、厨房、储物间和卫生间，展陈功能为主的乡贤文化馆功能空间包括（图8-29至图8-31）：

（1）序厅：主题墙。

（2）前言：弘扬乡贤文化，凝聚乡贤力量，涵育文明乡风，让社会主义核心价值观在乡村深深扎根，结合苟角乡贤概况作为引入和开篇。

（3）苟角印象：重点介绍苟角自然风光、风景名胜，突出"乡思"。

（4）故土记忆：重点介绍苟角历史人文景观和历史文化渊源，突出"乡愁"。

（5）乡风民情：介绍苟角乡风民情等基本情况。

（6）历史文化名贤：涵盖建国以前各行各业乡贤。

（7）红色乡贤：介绍革命先烈及相关事迹。

（8）政界精英：政界优秀人物事迹介绍。

（9）科学名贤：科学人物事迹介绍。

（10）乡贤人物：涵盖书法、艺术、教育、工商业等相关突出人物事迹介绍。

（11）新时代乡贤："新时代乡贤"突出平凡人物、平凡事，从小事出发以践行为荣，涵盖学生、现役及退役军人、基层工作者、返乡创业人物、睦邻人物、忠孝人物事迹，体现苟角乡贤文化的传承和新时代乡贤文化的践行方式。

（12）后记：总结苟角乡贤文化发展与传承，突出乡贤文化的宣传和乡贤文化对乡村振兴、和谐社会发展的推动作用，激励苟角人在时代浪潮中乘风破浪，砥砺前行。

图8-29　院士书屋室内序厅空间效果图

图8-30　院士书屋书法文化展示空间效果图

图8-31　院士书屋阅览空间效果图

（三）院士书屋滨水空间

对院士书屋滨水空间的现状竹林进行适度梳理，水塘进行生态治理，沿水岸设计亲水平台、木栈道、休闲竹廊，营造如诗如画的美池意境，远方遥寄乡情，稻田荷花朵朵，听取蛙声一片，漫步五色稻园，打造的荷塘，观察荷花、莲藕等植物，水里的青蛙、鱼类等各种动物，这是自然教育最好的素材（图8-32、图8-33）。

图8-32 院士书屋滨水空间效果图

图8-33 荷韵乡情

四、滨水栈道

　　滨水栈道是连接院士书屋与生态鱼塘重要的滨水游步道系统，总长约150米，折线与曲线结合的栈道设计，特征鲜明，极大地丰富了游人的游线路径方式，移步异景，婉转悠扬；同时，较好解决了水岸景观节点之间的连接关系。滨水栈道上的亲水平台、景观亭、游船码头以及景观水车等服务设施也满足了乡村旅游者亲水、观水和享水的多样化体验需求（图8-34至图8-41）。

图8-34　滨水栈道平面图

图8-35　连接院士书屋的滨水步道实景

图8-36　折线滨水栈道实景

图8-37 栈道上的景观亭实景

图8-38 曲线滨水栈道实景

图8-39　景观水车实景

图8-40　游船码头实景

图8-41　滨水栈道全景

五、庭院空间人居环境提升

庭院空间的人居环境整治也是本次规划设计的重点工作，该项工作内容繁杂、工作任务重、工作周期紧张。主要对酒坊院子、文创院子、粮食院子、付家院子进行整体环境质量提升与打造，具体设计内容包括对农舍建筑外立面、院坝、入口、边界矮墙、院坝经济区、储物区等进行更新考虑。这些院子大都分布于大梨树村乡村旅游核心步行交通线路附近，结合乡土文化特征，村民的生产、生活需求，整体考虑院子近期和远期的功能属性，满足乡村旅游所需的服务设施配套的需求（图8-42至图8-47）。

图8-42 乡村民宿及环境整治效果图

图8-43　酒坊院子人居环境整治效果图

图8-44　文创院子人居环境整治效果图

图8-45　粮食院子人居环境整治效果图

图8-46　付家院子及周边人居环境整治效果图

图8-47　付家院子及周边人居环境整治实景

参考文献

[1] 北京巅峰智业旅游文化创意股份有限公司课题组.图解乡村振兴战略与旅游实践[M].北京：旅游教育出版社，2018.

[2] 代改珍.乡村振兴规划与运营[M].北京：中国旅游出版社，2018.

[3] 冯年华.乡村旅游文化学[M].北京：经济科学出版社，2011.

[4] 干永福，刘锋.乡村旅游概论[M].北京：中国旅游出版社，2017.

[5] 姜长云.乡村振兴战略：理论、政策和规划研究[M].北京：中国财政经济出版社，2018.

[6] 孔祥智.乡村振兴的九个维度[M].广州：广东人民出版社，2018.

[7] 李海平，张安民.乡村旅游服务与管理[M].杭州：浙江大学出版社，2011.

[8] 李军.新时代乡村旅游研究[M].成都：四川人民出版社，2018.

[9] 刘光.乡村旅游发展研究[M].青岛：中国海洋大学出版社，2016.

[10] 陆素洁.如何开发乡村旅游[M].北京：中国旅游出版社，2007.

[11] 罗凯.美丽乡村之农业旅游[M].北京：中国农业出版社，2017.

[12] 骆高远.休闲农业与乡村旅游[M].杭州：浙江大学出版社，2016.

[13] 孙景淼等.乡村振兴战略[M].杭州：浙江人民出版社，2018.

[14] 王颖.乡村旅游理论与实务[M].北京：中国农业出版社，2020.

[15] 夏林根.乡村旅游概论[M].上海：东方出版中心，2007.

[16] 夏学英，刘兴双.新农村建设视阈下乡村旅游研究[M].北京：中国社会科学出版社，2014.

[17] 熊金银.乡村旅游开发研究与实践案例[M].成都：四川大学出版社，2013.

[18] 徐丁，李瑞雪，武建丽.休闲农业与乡村旅游[M].北京：中国农业科学技术出版社，2018.

[19] 余守文，王俊勇.乡村旅游开发与经营[M].北京：科学普及出版社，2013.

[20] 张建萍.生态旅游[M].北京：中国旅游出版社，2008.

[21] 张述林.乡村旅游发展规划研究：理论与实践[M].北京：科学出版社，2014.

[22] 张勇.《乡村振兴战略规划（2018—2022年）》辅导读本[M].北京：中国计划出版社，2018.

[23] 郑莹，何艳琳.乡村旅游开发与设计[M].北京：化学工业出版社，2018.

[24] 朱伟.乡村旅游理论与实践[M].北京：中国农业科学技术出版社，2014.

[25] 丛明光.威海市文登区乡村旅游市场结构及优化配置分析[D].烟台：烟台大学；2020.

[26] 冯翠.基于行动者网络理论的胶州湾海岸带旅游开发与保护研究[D].青岛：青岛大学，2016.

[27] 胡抚生.旅游目的地形象对游客推荐意愿、支付意愿的影响研究[D].杭州：浙江大学，2009.

[28] 蒋璐.湿地景区旅游体验、游客涉入与环境责任行为关系研究[D].广州：暨南大学，2015.

[29] 刘慧.新化县乡村旅游吸引力研究[D].长沙：中南林业科技大学，2018.

[30] 王蔚.太平洋国际旅行社贵州乡村游营销策略研究[D].贵阳：贵州师范大学，2020.

[31] 吴必虎，徐斌，扶东.中国国内旅游客源市场系统研究[D].上海：华东师范大学出版社，1999.

[32] 谢元.基于行动者网络理论视角下的村支书乡村治理研究——以苏

南阳县花山片区为例[D].南京：南京大学，2018.

[33] 徐蔚伟.媒介选择与旅游目的地形象传播[D].上海：复旦大学，2013.

[34] 徐阳.体验视角下乡村景区旅游吸引力提升研究[D].新乡：河南师范大学，2017.

[35] 张琪.山西省乡村旅游高质量发展研究[D].太原：山西财经大学，2020.

[36] 张铮.都江堰柳街镇乡村旅游资源空间分布特征与整合开发[D].成都：成都理工大学，2020.

[37] 朱令.南通市通州区乡村旅游发展现状分析及对策建议[D].苏州：苏州大学，2020.

[38] 边际."五一"旅游收入破千亿：消费驱动"内循环发动机"[J].企业观察家，2021（05）：42.

[39] 柴院巍.我国乡村旅游发展的困境及路径：基于乡村振兴的视角[J].中国储运，2022（05）：73-74.

[40] 陈浩，刘红军，王存文.国家体育治理现代化背景下民族地区高校体育智库建设研究[J].贵州民族研究，2018，39（06）：235-238.

[41] 陈继松，曾雅.休闲农业和乡村旅游融合发展实证分析——以辽宁省大连市休闲农场发展为例[J].沈阳农业大学学报（社会科学版），2019，21（03）：264-268.

[42] 杜江，向萍.关于乡村旅游可持续发展的思考[J].旅游学刊，1999（01）：15-18+73.

[43] 郭焕成，韩非.中国乡村旅游发展综述[J].地理科学进展，2010，29（12）：1597-1605.

[44] 胡俊生，王彦岩.新时代乡村振兴战略的内在逻辑研究[J].农业经济，2022（12）：29-30.

[45] 胡钰，王一凡.文化旅游产业中PPP模式研究[J].中国软科学，2018（09）：160-172.

[46] 贾未寰，符刚.乡村旅游助推新时代乡村振兴：机理、模式及对策[J].农村经济，2020（03）：19-25.

[47] 李东.健康中国战略背景下康养休闲体育旅游的内涵及对策研究[J].攀枝花学院学报，2020，37（06）：45–50.

[48] 李晶莹.乡村振兴背景下秦东地区文化产业融合发展路径研究[J].文化产业，2021（17）：151–152.

[49] 李莉.基于贫困人口受益的旅游开发与旅游扶贫协同机制构建[J].商业经济研究，2015（19）：103–104.

[50] 李梅泉，丁蓉菁.大健康背景下大众参与乡村旅游的影响因素、发展模式与应对机制[J].农业经济，2020（10）：57–58.

[51] 刘慧.发展乡村旅游与实现乡村振兴[J].农业与技术，2021，41（07）：163–165.

[52] 刘盛.乡风文明与乡村振兴：重要意义、现实难点与关键举措[J].农林经济管理学报，2018，17（05）：629–634.

[53] 鲁杰，王帅.乡村振兴战略背景下农村基层党组织的定位、困境与发展[J].西北农林科技大学学报（社会科学版），2021（6）：20–25.

[54] 王廷勇，杨丽，郭江云.数字乡村建设的相关问题及对策建议[J].西南金融，2021（12）：43–55.

[55] 魏晓露，沈和江.乡村旅游助推河北现代农业发展潜力研究[J].农业经济，2022（01）：24–26.

[56] 魏颖.财政金融支持下民族地区乡村旅游发展研究[J].行政事业资产与财务，2019（02）：24–25.

[57] 吴彦辉.乡村旅游高质量发展：内涵、动力与路径[J].广西大学学报（哲学社会科学版），2021，43（05）：102–107.

[58] 杨征权.论乡村旅游形象塑造与乡风文明建设的耦合机理[J].安徽农业科学，2021，49（24）：262–264+275.

[59] 姚旻，赵爱梅，宁志中.中国乡村旅游政策：基本特征、热点演变与"十四五"展望[J].中国农村经济，2021（05）：2–17.

[60] 于法稳，黄鑫，岳会.乡村旅游高质量发展：内涵特征、关键问题及对策建议[J].中国农村经济，2020（08）：27–39.

[61] 张娟，高文洁，聂雅茹，张磊.基于乡村振兴背景下民族文化与旅游产业相结合的发展路径探究——以广西百色市为例[J].现代商业，2021

（16）：58–60.

[62] 张祝平.乡村振兴背景下文化旅游产业与生态农业融合发展创新建议[J].行政管理改革，2021（05）：64–70.